完美主義的陷阱

湯瑪斯・庫蘭
Thomas Curran —— 著
林楸燕 —— 譯

THE PERFECTION TRAP

THE POWER OF GOOD ENOUGH IN A WORLD THAT ALWAYS WANTS MORE

獻給瓊（June）

在單元社會裡找尋肇因是徒勞無功之舉。唯一肇因即社會本身。

——狄奧多・阿多諾（Theodor Adorno），

《否定辯證法》（*Negative Dialectics*）

目錄

前言

西方世界的人皆生活在完美主義細密編織而成的幻想裡。就像誇張現實的全像投影模擬，是個完美生活與生活方式的影像與影片，從廣告招牌、電影螢幕、電視機、廣告與社群媒體動態上展示、播放的世界。在這個全像投影世界裡，虛幻的分子任意擴散，教導著我們，只要我們是完美的，就會過著開心、成功的生活；如果我們偏離理想型態，生活可能會分崩離析。這種理解是真實存在的，耗盡每個人的心力，而且深刻滲透於我們心中，完美主義透過揮之不去、無法撼動的不安全感，深植於我們的內在。對於我們所缺乏的、外貌美醜、以及未達到的成就而感到不安。

但是除了這些牢不可破的不足思想之外，我們顯然喜愛懲罰自己。面試者稱完美主義是自己最大的缺點。商界、政界、運動界與藝術界領袖們將成功歸因於完美主義。名人與生活教練用很多方式教育我們，將完美主義最大化，以獲得個人利益。事實上，工作、金錢、地位與「美好生活」的眾多美好特質，構成了完美主義最強大的驅動力——即不計代價著迷於無限成長與不屈不撓地**追求更多**。

代價以倍數增長。我們被不滿足淹沒，困在總是不足的樹叢裡，努力追求完美，因為其他人看起來如此不費力即可達到完美。我們內心深處知道，這樣的生活不正常，也不自然。我們知道身而為人，沒有人是完美的，也沒有人能變得完美。我們知道完美主義的沉重盔甲壓得自己喘不過氣。

然而，我們仍穿著完美主義盔甲。因為脫掉盔甲去接受自己是美好但不完美的人，有著難以理解的困難，因為這同時也代表我們得正視現代社會對「偉大」與「美好」的最基本認知，而且對人類應該如何在這個世界裡過生活的方式，進行全面性思想叛逃。你什麼時候見過有人能完全不理會整個世界，進行這樣的內省呢？

但是，如果我們要逃離完美主義陷阱，這樣程度的內省正是我們必定要做的。本書名為《完美主義的陷阱》（*The Perfection Trap*），追溯我得到以上結論的旅程。從一開始像是某種冥想，就像抓一直很癢之處，但很快發展成有著單一敘事線貫穿其中的戲劇化故事：完美主義是決心超越人類臨界點的經濟系統之關鍵性心理。以本論點作為要旨編寫成本書的十三個章節，解釋完美主義實際上是什麼、對我們的影響、目前崛起的速度、崛起的原因以及逃離它的方法。

為了提供論點證據，我綜合使用了正式與非正式的資料來源，例如心理學研究、臨床案例記錄、經濟資料以及精神分析與社會學理論等等。我也非常仰賴身邊真實生活案例的經驗證據，比起一般社會心理學家還多。為此，我一點都不覺得抱歉。我無疑是數字導向的人，我喜愛數據，花了很多時間，不斷教導學生們有關數據的研究。然而在真實世界裡，想法無法只靠著資料得到有效性。它同時也得仰賴真實經歷，不然想法就只會變成抽象概念，例如一個數字、一條趨勢線，或是一堆可能估計值之中的一個估計值。

一開始讓我談一下關於本書的幾件事：首先，讀者將會發現許多心理學、經濟學與社會學的概念穿插、應用於我的生活以及他人生活裡的實際經歷，並由之驗證，但卻沒有詳細解釋。第二項也可能是最重要的事，讀者應該知道我為了講述那些生活真實經歷的故事，將故事主角的身分與故事場景偽裝改變。這意味著改名，有時改變性別、換地方與時間、編造地點，偶爾融合數個不同的觀點成為一個，或單一觀點變成數個觀點。我了解隱藏身分與數種偽裝，需要各位大量的信任，我希望這樣對各位的要求與編劇透過巧妙情節安排，尋求獲得觀眾認同的程度不相上下。我的目的是描繪我所見、所聞與所經歷獲得到的領悟與意義，即便不一定是這些經歷發生時的場景。

沒錯，原因即是我就是完美主義者。而我想讓這本書成為一位完美主義者送給另一位完美主義者的安慰。我將更多時間花在了解自己與周遭他人的完美主義，以及探究完美主義之於健康與快樂的研究結果，我愈來愈覺得我們的故事起源基本都是一樣的。當然，我們都以不同的方式遭受完美主義的折磨。但我們的旅程都始於同樣的核心信念，即我們對他人來說不夠重要，或不值得他人喜愛。我們能在許多地方學到這樣的信念，但最普遍、最全球化的就是消耗、圍繞著我們的完美無瑕全像投影裡。

我希望閱讀此書能讓你獲得慰藉。我希望它能幫助你了解完美主義影響所及的各個面向以及其真實來源。我希望這能讓你的心靈獲得平靜，知道這一切都不是你的錯，不論你身處的文化告訴你有多不夠，你夠好了。我希望本書能提供你邁向接納自己的方法。我希望本書能讓你建立一種心理上更協調的生活方式，一種接受人類侷限的生活方式。

換句話說，我希望本書能幫助你學到一些關於你自己與身處的世界。帶著這樣的知識，我希望它能幫助你體驗愈來愈多無與倫比的喜悅，來自接受自己全部以及所有的不完美，這些都是突然迸發的驚奇人性。

二〇二二年九月於倫敦

PART 1
完美主義的定義

第一章 我們最愛的缺點

或現代社會對完美的著迷

我是完美主義者，所以我可以把自己——與別人逼瘋。同時，我認為這是我成功的原因之一。因為我真的在乎自己做的事情。

美國演員 蜜雪兒・菲佛（Michelle Pfeiffer）

一八四三年，在納撒尼爾・霍桑（Nathaniel Hawthorne）的故事《胎記》（*The Birthmark*）裡，名為阿爾默（Aylmer）的卓越科學家娶了名為喬吉亞娜（Georgiana）的女子，她是位無可挑剔、完美的女子，唯一缺陷只有左臉頰上的小胎記。喬吉亞娜的純潔臉龐與異色胎記呈現強烈對比，這讓完美主義者阿爾默心煩。他只看的到妻子唯一的不完美，「白雪上的深紅色汙漬」。

對於阿爾默而言，喬吉亞娜的胎記是她的「致命缺點」。很快地，他的強烈反感影響了喬吉亞娜，讓她也對丈夫創造出的扭曲自我形象感到厭惡。喬吉亞娜於是懇求丈夫利用他的科學長才，「不論任何風險代價」，治療她的不完美。

他們想出一個計畫。身為有才能的化學家，阿爾默利用一系列混合物進行實驗直到找到解方。他日以繼夜地實驗，但仍是無法調出完美配方。某日，阿爾默看著試管分神，突然靈光一閃，調配出神奇靈藥。喬吉亞娜急著喝下「來自天上噴泉的水」，接著陷入昏厥，隔日醒來時發現胎記消失不見了。阿爾默為成功感到高興，跟此時變得無瑕的妻子說：「你很完美！」

然而，霍桑的故事結局出乎意料。雖然阿爾默的藥水消除喬吉亞娜的斑點，成功的代價卻是妻子的生命。胎記消失了，而不久之後，喬吉亞娜的生命也是。

霍桑完成《胎記》之後不久，另一位哥德文學作家愛倫坡（Edgar Allan Poe）也寫了同樣研究完美主義悲劇心理、令人不寒而慄的作品。在愛倫坡的短篇小說《橢圓肖像》（*The Oval Portrait*）裡，義大利半島上有名男子因受傷而進入一間廢棄宅邸躲避。他的僕人試著要為他的傷口止血，但最後卻放棄了。受傷的男子評估自己的情況後，覺得太過嚴重，因此自己躲入宅邸裡其中一間房裡等死。

他躺在床上顫抖且意識不清，卻仍被房裡牆上的許多畫作深深吸引。他身旁的枕頭上擺著一本小書，據說是解釋畫作的書。他調整燭台照亮書頁，看到了被藏匿在床柱後的橢圓畫框，裡面是一名年輕女子的肖像。男人深感著迷。他翻開書，找到有關該畫作的說明。

橢圓肖像裡的女子是一名很有天分卻很神經質的畫家的年輕妻子。她是「稀世美女」，但她的丈夫卻極度沉迷於藝術創作，忽略了她。某日，畫家問妻子，他是否能為她畫肖像畫。她欣然接受，因為她終於能與丈夫有寶貴的相處時光。她進入畫室，耐心地坐在幽暗高角樓的房間裡，畫家則將她俗世美貌畫成不朽畫作。

然而就像阿爾默一樣，這位畫家也是位完美主義者。「他非常熱衷於畫作，因此畫了一小時又一小時，一日又一日。」過了許多週，畫家迷失在畫作中而沒注意到妻子生病了。「他沒有注意到，落在這孤單塔樓的慘白光線讓他的新娘健康與精神衰敗，人人都看得到她日漸憔悴，只有畫家沒注意到。」

即便如此，她仍沒有絲毫怨言地臣服於丈夫的完美主義。畫家異常著迷於捕捉妻子的樣貌，讓他最終只盯著肖像畫看。「他沒看到用來畫在畫布上的顏料，是從坐在身旁的妻子其臉龐上而來。」又過了數週，畫家的妻子越來越虛弱。然後，就在那一刻，他在大作上畫上最後一筆，開心地說：「這畫作確實有生命！」

轉頭看妻子時，她已經死了。

用二〇二三年的觀點讀霍桑與愛倫坡的作品並不容易，他們的故事卻詭異地戳中我們的痛處。霍桑的喬吉亞娜可能就是那些為了追求完美身體，進行整形手術而受傷或死亡的男男女女。同樣地，愛倫坡的畫家與緊張銀行家或律師擁有一樣令人難忘的特質，即為了達成交易或簽成合約，犧牲與家人和朋友相處的時間日夜工作。

儘管這些故事有許多雷同之處，但從其中更能獲得啟發的是對比性。回到傑克遜時的美國，完美主義是流行哥德恐怖小說的基本元素，這是被用來嘲諷，更該避免的元素。今日，完美主義心理的焦點則相當不同。現在焦點比較像是名人的特質，是人們追尋、賞識的特質，代表勤奮工作與我們願意盡可能付出所有。

當然，和霍桑的阿爾默與愛倫坡的畫家不同，我們並非全然無知。我們知道完美主義附帶的損害，包括無數小時的努力不懈、數不清的個人犧牲與大量自我強加的壓力。但這就是重點，不是嗎？完美主義是現代文化裡自我犧牲的徽章，隱匿截然不同的事實的榮譽勳章。

這也是為什麼工作面試尤其能夠顯示我們擁抱完美的意願。所有磨難帶來的危險之中，我們學到很多關於自己想要被如何評斷的方式，以及得戴上用以說服面試官自己真的值得投資的面具。

而在交叉詢問中最發人省思的部分，總是那道致命問題的回答：「你最大的弱點是什麼？」我們的回答總能揭露我們認為社會能接受的弱點——能證明我們適合這份工作與非常值得雇用的弱點。

「我最大的弱點？我會說是我的完美主義。」

這個答案已是陳腔濫調。確實，根據調查，招募人員通常將「我有點完美主義」列為工作面試中過度使用的老梗。[1]但撇開陳腔濫調，問問自己為什麼會這樣做，以這種方式表達適任性是完全合理的。畢竟在高度競爭、贏家獲勝的經濟裡，當個普通人就像髒話。承認你只願意做到夠好，即是承認你缺乏提升自己的野心與決心。而我們也認為雇主找的是完美的人。

我們認為社會要的是完美。與霍桑與愛倫坡的時代不同，現代世界裡的完美主義是必要之惡，一種光榮弱點，也是我們最愛的缺點。生活在這樣的文化裡，我們如此投入於完美主義的荒謬之中，使我們不認為它很荒謬。然而靠近看，霍桑的阿爾默與愛倫坡的畫家都是對將生命花在登上完美閃耀頂峰的真實代價，一種令人不寒而慄的警示。在本書裡，我們將揭露完美主義是什麼、是否真能幫助我們、盛行於現代的成因，以及我們該怎麼辦。

我們開始吧，現在回到理性層面。因為我們這樣做的話，就會了解追求大名鼎鼎的完美主義這事完全是非理性的。就定義而言，完美主義是不可能達到的目標。我們無法衡量完美，因為它常是主觀的，而且對血肉之軀的我們來說，完美是永遠無法達到的。矯治心理學家艾許．派契特（Asher Pacht）曾開玩笑說：「真正的完美只在訃聞和悼文裡。」[2]這是轉移焦點的手法，徒勞無功的作為。因為完美不可能達到，而追求完美全然是無望之舉，試圖要這樣做的人必定得付出相當高的代價。

那麼為什麼追求完美變成了成功唯一的途徑？我們這樣想是對的嗎？

為了回答這些問題，我得要回到二〇一三年一月十七日。坐在皮製高背椅子上，一臉被嚇壞的藍斯．阿姆斯壯（Lance Armstrong）望著寬廣、老派的閱覽室。他雙腿交疊用力呼吸，雙手不安地來回碰觸大腿和臉。好像他已經知道這會成為美國電視史上最多人觀看的訪談。

訪談人歐普拉（Oprah Winfrey）是位很厲害的主持人。與大多數的訪談不同，她沒有直接面對著他，而是以精心安排的角度坐著，讓阿姆斯壯得要刻意轉頭面對她。歐普拉問了幾個簡單問題之後直接切入重點，且刻意地停了一下，視線從筆記往上移，盯著阿姆斯壯看，冷靜地請他承認七次環法國賽得獎都受到表現增強藥物的幫助。

阿姆斯壯肯定地說：「是的。」他是服用禁藥經驗豐富的人。

歐普拉接著請阿姆斯壯解釋。這時令人驚訝的事情發生了，他的神態舉止完全改變，他挺直背抬起下巴，已經等待此刻許久。他直視歐普拉的雙眼，堅定地告訴她，他「不是為了獲勝才服禁藥」。他認為服藥只是為了讓比賽公平競爭。他大膽地對她說：「風氣就是如此，這是競爭的時候。我們都是成人，而我們會做自己的選擇。」

阿姆斯壯之所以服藥是因為大家都這樣做。

我們的作為受到他人作為的影響。我們喜歡認為自己跟鳥一樣自由，是獨一無二的個體，與周遭大多數人不同。但事實上，我們一點也不獨特。就像阿姆斯壯對歐普拉所說，我們的基本直覺是像羊群般行動。我們最不想被迴避、被排擠或是被趕出群體。因此不論是否有無意識，我們每日皆小心衡量自己的舉止是否在社會可接受的「正常」範圍裡。

社會風向驅動著我們的思考、感受與舉止，而非神聖的個體性。當我們在工作、教養、讀書或在社群媒體上發文時，尤其是在充滿恐懼或懷疑時，而近來的確滿懷以上的感受，我們一般會跟著群體行動。甚至當群體作為非常不健康時，我們仍會遵從，就像阿姆斯壯的例子。因此當大家看起來都是完美的，我們即會認為完美是成功唯一途徑，斷然認定這是合理的。

我們很難逃離這樣的文化。最近研究顯示我們不論是在工作、學校成績、外貌、教養、運動或生活方式上，都有點無法接受不完美。引用精神分析師卡倫·荷妮（Karen Horney）的話，不同處「只是程度上的差別」。[3]有些人比較無法接受，有些人較能接受，更多人是在兩者之間。而身在完美主義範圍中間值的一般人隨著時間快速增加，本書後面會談到速度多快。但現下，我們得談群體爭奪完美背後的事物以及我們是否該為此擔心。

我是位大學教授，也是世界上少數研究完美主義的人。這些年來，我研究各類問題，像是找出完美主義顯著特點、與完美主義相關的事物，以及找出當代關鍵特質。在這過程中，我聽了現代世界裡許許多多的臨床醫師、老師、經理人、父母與即將成年的年輕人的故事。以第一線的觀點呈現出完美主義是新時代精神。

我在二〇一八年驗證了這項事實，當時名為雪柔（Sheryl）的女子寄了封電子邀請函到我的收件匣。她代表TED聯繫我，想要知道我是否想到加州棕櫚泉參加即將到來的會議。雪柔跟我說，完美主義是TED會員們非常感興趣的議題。她說：「我們的會員在生活中感受到完美主義，孩子的生活裡也有，以及一同工作的同事的生活也是如此。」她希望我能在會議上談完美主義是什麼、對我們的影響，以及普及的原因。我跟她說：「我很樂意。」於是，當月我與TED寫稿員一同撰寫題目為「我們對完美主義的危險迷戀」的十二分鐘講稿。

我很驕傲自己完成這場演講，但我變得不喜歡這個題目。它太個人化了，將責任置於個人身上，在我們對完美的著迷之上。在本書的書寫過程中埋首於整理思緒，用簡潔短句書寫，然後修飾、濃縮成讓他人能讀懂的簡單內容等艱難技藝，其實幫助我釐清思緒。透過寫書，我發現自己不知道的思想缺口。我開始在資料裡與周遭見到之前沒注意到，抑或是看不到的事情。

完美主義並非個人迷戀，但它確實是文化迷戀。一旦我們長到能夠解讀周遭世界的年紀，我們開始注意到完美主義的無所不在，在電視、電影螢幕、告示牌上、電腦與智慧型手機裡；在我們父母使用的語言，新聞編撰的方式、政客的話語、經濟運作方式，以及構成社會與城市的制度之中。

飛往在棕櫚泉舉辦的ＴＥＤ會議的班機是從希斯洛機場嶄新的二號航廈起飛。二號航廈又稱女王航廈（Queen's Terminal），以伊莉莎白二世命名，她在一九五五年啟用了希斯洛機場女王航廈，舊航廈於二〇〇九年時拆除，並建造造價達三十億英鎊的全球門戶。

女王航廈是令人讚嘆的商業建築。根據《衛報》（*Guardian*）記者羅旺．摩爾（Rowan Moore）所言，該建築中央等候區同於「柯芬園（Covent Garden）室內市集的大小」。對於旅客的視野來說是相同的。建築師路易斯．維達爾（Louis Vidal）說，它會是「很棒的社交聚集空間，就像廣場或大教堂」。行走穿越女王航廈，的確會有這樣的浪漫情懷。從沿著建築物邊緣的藝廊，其頂端的廣闊空間，中間穿插大範圍曲線，邊緣俐落，顏色明亮的廣告看板與大片落地窗。

在這超級建築物裡，真實與虛構的界線相當模糊。廣告是罪魁禍首。即便就現代標準來說，女王航廈的廣告仍是相當微妙的企業藝術。「超越傳染的思考」是ＩＢＭ招喚擺脫偏見的乘客的口號，這些乘客應該會在疫情期間搭乘飛機的路上看到此標語。微軟（Microsoft）告訴我們，它的雲端服務能將「混亂變為規律」，而匯豐銀行（HSBC）跟我們保證「氣候變遷沒有國界」。

然而，女王航廈裡最令人感到驚訝的商業行銷策略，則是將品牌以生活方式呈現。其中一個廣告看板展示了一名穿著西裝、打扮得體的男子，靠著讓人喜愛的共享車子應用程式的協助，讓他能勇敢漫遊於各個目的地。另一則廣告展示露齒微笑的女性商務人士手提著昂貴的行李箱，由非常樂意協助的航空公司櫃台人員愉悅地接待。從廣告看板到高級流行品牌過季銷售店，一路到滋味太美好的完美主義者咖啡店（Perfectionist's Cafe），該航廈是人們所讚頌特質的縮影：誇大、達不到的理想完美生活與生活方式。

可是，我坐在完美主義者咖啡店，卻不禁一直想著此處鼓吹的幻想理想主義。因為從真實世界的嚴苛眼光來看，這棟建築物變出我們認不出的超越功能性的美好之地。我面前的電子廣告播送著穿著西裝、無懈可擊的男子，不像從航廈外距離約需行走三十分鐘的停車場趕過來的樣子。女商人露齒微笑的臉龐看起來近乎嘲弄，尤其當你一路波折地通過海關，才發現班機延遲的時候。

完美主義者咖啡店的咖啡完美無瑕嗎？其實它的咖啡甚至不是熱的。你的登機門終於開始登機，但是卻是在走下手扶梯，接著在滑行跑道上走兩公里的航廈另一端。走到那裡才發現沒有座位，還有一排怨聲載道的旅客，隊伍蜿蜒排到走道上。疲憊並急需一杯烈酒的你找到了一個地方坐著，開始自問這場會議是不是乾脆就在線上開會好了。

停在那想一下。這棟建築散播的理想主義跟現實差異非常大，很嚇人，不是嗎？渴望成功的標語、完美形象的影像、跨大西洋旅程的光彩——所有一切都指向一個橫溝，不僅在此處可見，而是普遍存於文化之中。房子、假期、車輛、健身方式、美妝產品、飲食、教養祕訣、生活教練、生產力祕訣——所有你能想到的都有，我們生活在一個無法達到的完美全像投影裡，必須要不斷提升我們的生活與生活方式，以尋找不存在的無瑕極樂世界。

我們只是人。在內心深處，我們知道人是有缺點與侷限、會犯錯的生物，遠甚於我們願意承認的。全像文化愈是擾亂現實感，愈是鼓勵我們對抗最人性化的錯誤和大自然的緩步前行，我們的完美主義就愈會讓我們陷入虛幻的追求——健康和幸福一落千丈，令人不知所措。本書稍後將會談及完美主義對各個面向的影響。於此，還是先回到女王航廈，讓我告訴你一些我自己與我們最愛的缺點的搏鬥過程。

回到完美主義者咖啡店，我耐心等著班機開放登機，我為了安撫脆弱的神經，試著在筆電上點閱幾場最受歡迎的TED演講。正式上TED演講前，我大概看了幾百場的演講且仔細研究，尋找祕密方程式。最優秀的講者看起來散發著無懈可擊的自信，彷彿說故事跟吃飯或喝水一樣自然。我一點都沒有自信。如果我沒有上台的勇氣呢？如果忘了稿子內容？如果在觀眾面前，突然驚慌失措了呢？

像我一樣的完美主義者通常以過度思考應付焦慮。我們認為考慮到每個可能面向是掌握事情最萬無一失的方式，卻忘了過度思考本身就是種焦慮的障礙形態。我從來沒有用過度思考的方式搞砸報告——但過度思考，也從未讓我在報告時有一流表現。年僅二十九歲，克服種種困難，我飛往加州擔任TED大肆宣傳的「思想領袖」。在演講者群的紅色圈子裡，我必須看起來像值得入場費五千美元的人。

我最大的掙扎是無法舒服地站在成功身旁。我會認為是幸運抑或偶然，而非讚揚，因為我深切明白自己不值得這一切。那種不足思想的不安全感，可能是完美主義最有害之處。當你持續努力追求更多成功——不必說極度恐懼失敗——即便是相當高階的成就，可能也會感覺非常空虛。事實上，比空虛更糟的是完美主義暴露我們的夢想不過是死路一條。對完美主義者而言，成功是無底洞，在追逐完美的過程中消耗我們，然而對更為深層的問題「我夠好嗎？」，其答案總是在地平線的另一端。

就像地平線，我們一靠近它就往後退。

經常感到不足會讓人疲憊不堪地度過人生。儘管我有顯著的成就，儘管在某個層面上我渴望過著開明、富有同情心的人生，但總是覺得不夠，意味著我永遠不會感到滿足。於是我遠離人群、避開難以應付的情況，最後變成一個古怪、不可靠與有承諾恐懼症的人。我感到焦躁、坐立不安，擺盪在相對穩定與復發服藥之間，容易有自我懷疑與自我批判傾向，糾結於我是誰，困在追求身分認同成功的成功卓越迴圈裡，在心裡深處，我不相信這是真的。

就我看來，在生命中尋求完美與成就是讓我們遠離自己，更糟的是永遠找不到自己。

在完美主義者咖啡店裡，手拿著微溫的咖啡，看著女王航廈忙碌往來的旅客，我沉思著，倘若我跟父親一起在建築工地裡當建築工，這一切會不會比較好。鑽洞、砂紙磨木頭、砌磚塊維持生計，與當地女孩結婚，擁有一間不錯的房子，也許還開了台不錯的車子、生幾個孩子。這會讓我錯過高學歷、羅素大學集團（Russell Group）教授身分、TED演講與這本閃亮亮的書約。換來的是我不用日夜不停工作，也不會因恐懼而焦躁不安。也許，只是也許，我能夠瞥見難以捉摸的地平線。

但是，可能不會。如同英國心理分析師喬許．柯亨（Josh Cohen）所提問的，在現代世界裡是不是真的有人能逃離那荼毒消費者生活的完美主義幻想呢？[4]

就各個面向來看，我猜我與生活在當代的人都困在類似的陷阱——困在各種總是不足的念頭裡，無法理解這般不斷追求提升為了什麼。為了追求非具體的終點而無盡工作、消費、自我提升。是的，完美主義某種程度上有遺傳成分。還有，是的，經歷嚴厲、嚴格又悲劇的幼年生活也有影響，而且其實影響很大。基因與過往經歷讓人有這般傾向，而文化也要求我們在每件事都力求表現完美。

藍斯．阿姆斯壯面臨難題：保持光明正大，卻落在群體後方，或是服用禁藥，然後與領先者競爭。「文化就是如此……我們都得做自己的選擇。」當時，阿姆斯壯的選擇為他帶來巨大成功，但對其他自行車騎士來說，服用禁藥是深具風險的決定。有些人甚至因此喪失性命。為的是什麼？倘若真如同阿姆斯壯所堅稱每位自行車騎士都有服藥，那麼這場裝備競賽讓每位騎士的健康陷入危險，卻沒讓任何人更有可能獲勝。

同樣具毀滅性的裝備競賽也出現在更為廣泛當代文化裡。如果在我們周遭見到盡是無限完美的混亂事實，最難的反而是接受我們只是人的事實。我們大多時候感到耗盡力氣、空虛又焦慮。除了我們拋向生活的每件事，像是不停歇的努力追求、生活儀式、生活祕訣、補償性消費、過濾、掩藏與修補，群體的律法意味著以上都無法讓我們更可能成功，抑或更顯然地，無法讓我們感到一切足夠了。

當代解讀霍桑與愛倫坡的作品的方式，即是基本上現代人注定像阿爾默和畫家。但我不確定這樣的解讀是否完全正確。事實上，我認為我們比較像在故事裡被遺忘的女子。如同他們，我們是能滿足於不完美的生活的，如果我們的小縫隙、缺點與彎曲的邊緣等被允許以自己的樣貌存在的話，而非受到一心想美化最難以察覺的小缺陷的風潮所影響，因而被放大、小題大作。

越陷入文化的完美主義陷阱，將會消耗更多我們生活的活力。是時候認真探討我們最愛的「缺點」了，從它的真實樣貌與實際影響我們的方式來開始。

第二章 跟我說我已經夠好了

或完美主義不只是極度高標準的原因

在我成為我的整個過程中，我是誰取決於我與愛我的人或拒絕愛我的人之間的關係。

美國心理學家 哈里・斯塔克・沙利文（Harry Stack Sullivan）[1]

拉菲提酒吧（Rafferty's bar and grill）離多倫多聯合車站非常近。這是家時髦的餐酒館，白天上門的是穿著白襯衫、打著深色領帶的商務人士，他們手拿裝有咖啡的馬克杯慢慢喝，晚上則有優雅、衣著講究的購物者上門，啜飲時髦華麗的雞尾酒。酒吧前庭可見忙碌的十字路口，人行道上的人行色匆匆，燈號從綠轉紅，發出卡嗒聲的東西向電車從旁經過。

這是二〇一七年夏天的某個晴朗傍晚，我與受人敬重的心理學家戈登．佛列特（Gordon Flett）和保羅．休伊特（Paul Hewitt）坐在酒吧的前庭。我們喝著幾杯冰啤酒，他們正與我分享他們的研究經歷。戈登穿的是典型的學院風：格子襯衫整齊地紮入斜紋棉布褲裡，加上一雙舒適又具功能性的健走鞋。再加上他有趣、友善的臉龐，讓他有種當地導遊的氣質，而他容易興奮的神態舉止同樣帶有學院風。

保羅的氣質偏向沉靜。他很安靜、常陷於沉思，是個糾結複雜的小子，戴著時尚的圓框眼鏡，穿著在晚霞下閃爍的熨平白襯衫。他只在必要時發言，但在發言時總是散發著溫和與認真，給人一股沉思心理學家的氛圍，而這就是他的職業。

這兩位風格迥然的男子卻有共同的目標。三十多年以來，他們深入檢視完美主義內部運作機制，並且挖掘其頻繁出現於他們的診療室與課堂上的原因，這兩件事成了他們的使命。聆聽他們的敘述，我覺得他們不僅只是為了工作，這是一個極為個人的投入，好似研究完美主義變成了另一個需要養育的孩子。我當時在多倫多觀看這兩位大人物談論完美主義，他們對自己目標的投入吸引了我，於是我坐在兩位身邊，試著了解更多。

保羅就事論事地重述他們的研究旅程。他顯然知道他們專心致力、神聖的使命，以當代學術標準來看，相當不尋常。他說：「我非常熱衷於此研究，無法放下。」回到一九八〇年代中期，身為剛嶄露頭角的臨床心理學家，保羅看到病患背負著從學校、工作到教養而來的壓力與張力，顯然與想要將事情做到完美有關。他早期的病患記錄裡將完美主義描述為有害影響。他告訴我，如果沒有遏制，「完美主義會急遽惡化，情況將極難以挽回」。

他繼續說：「可是很少有人認為完美主義是有害特質，至少就其本身來說。」

戈登回話說：「他們到現在還是不這樣認為！」，並頗具深意地咧嘴笑說：「但他們應該要認同。」

這兩位男子以拐彎抹角的方式，溫和地抱怨心理科學長期不願正視完美主義，抑或至少是不夠認真看待。主流觀點認為完美主義是流行心理學的話題，那種沉浸於無心理學專業背景的心理分析：沒錯，完美主義可能有問題，就像太過有責任感也是有問題的，但這不值得認真且以系統性調查。

從精神病學的聖經《精神疾病診斷與統計手冊》（*Diagnostic and Statistical Manual of Mental Disorders*）並未將完美主義列為值得關切的人格特徵看來，我們知道這是真的。[2]將它列在診斷標準的情況很罕見，一般將其列在一系列與強迫症（obsessive-compulsive disorder, OCD）相關的症狀中。

戈登解釋了問題：「主流觀點對完美主義的定義過於狹窄。我們知道完美主義有很多面向，其中一些與強迫症有關，但其中一些則不是，而且我們也知道完美主義存在於各種心理疾病中，不僅僅是強迫性的那種。」

保羅傾身向前，看著我。「就是如此，還有另一件事實是完美主義遠比人們意識到的還普遍。這不像二分法，也不是分類，而比較像是範圍。我們談及完美主義時，指的不是某些人，甚至也不是某人是否具有完美主義，而是**所有**人，只是擁有完美主義的程度高低不同而已。」

他繼續說：「我們的研究發現完美主義的範圍相當廣且深。即便如此，在完美主義目前的普遍共識下，要更進一步深入探討卻很困難。」

保羅從診療室觀察中明白要全面了解完美主義，得要考慮其廣度與深度。這也是為什麼要擴張與區分各種不同種類的完美主義，然後度量與測試它們，成為保羅與戈登創新研究的基礎之故。這也是我去多倫多的原因：了解完美主義。

保羅談論的廣度與深度是什麼呢？為什麼這很重要？為了回答這些問題，我們得要從保羅開始研究這不尋常的人格特徵談起。他解釋說：「大多數人以為完美主義其實是高標準，但從我早期臨床工作上顯然可知，並非如此。」保羅的諮商記錄揭露一系列症狀，遠超越個人標準與自我強加的壓力。

「我見到許多覺得是被迫得要追求完美的人，不只是要模仿他們達不到的標準，同時也模仿他們覺得被他人強加於身上的達不到的標準，而且還將加諸己身的標準，再強加於身旁的人。」

自我導向、社會期許與他人導向，這些不同面貌引起保羅思考。倘若完美主義不只是一系列的高目標或標準呢？「我很快了解到完美主義其實不是要努力達成目標，不是那種考試表現優良或是投出完美快速球。它是種世界觀——我們看待自己與詮釋他人所做與所說的生活方式。」

這樣的說明令人恍然大悟，這也讓我思考自己的完美主義。我曾以為這都與勤奮工作、投入時間與精力，以及一絲不苟有關聯。我以為我只是對自己過度要求，這些標準讓我成為完美主義者。然而實際上，當仔細檢視後，高標準只是定義的一半，同樣重要的是像我這樣的人需要一開始就將標準設的這麼高的原因。保羅認為我們讓自己經歷磨難，為了尋求他人認同我們在這世界上是有價值的。他告訴我：「直到我們認知這簡單的事實，即完美主義是我們與他人之間的連結方式，不然我們將會持續誤解它。」

保羅的話讓我想起已逝祖父的回憶。保羅試圖要找出的區別特質——即高標準與完美主義之別，就許多方面來說，我的祖父就是完美的例子。我還小時，我常會花數小時坐著，張大雙眼驚奇地盯著祖父看。他是位木匠大師，能夠製作圍欄、椅子與窗框等日常用品，從第一片木板到最後的收尾都由他親手做成。

他的工藝令我驚嘆。每週日我會從主屋跑到他的工作小屋裡，專注觀看他展示如何將回收木材裁切成完美測量後的木條。接著他會小心翼翼地雕刻並描繪每根木條，謹慎標記並以軍隊般精準度處理這些木條，之後再俐落地裁切。他用螺絲起子將木頭鎖緊，然後溫柔地以砂紙磨擦，最後將成品拋光。他的作品輪廓總有完美形狀，木頭滑順，最終成品是完美兼具功能性的藝術品。

這無疑是擁有極高標準的人格特質。可是，這些不是完美主義者的特質。當我的祖父在工作室完成工作後，他將用心製作的成品收好，接著將這些成品送到新家，然後就是這樣，沒有為了獲得五星評論的認可而逗留。他將日常用品創造出來，讓人們使用與欣賞。對他而言，他製作的產品存在的需求，遠勝於其製造者被認可或讚美的需求。

對認可的迫切需求是保羅所謂的驅力，意指完美主義無關乎自身的標準，而是我們認為他人期待我們達到的標準。當然，祖父還是會犯錯，但他都會將工作完成。令人害怕的三星評價在他的世界裡並無意義，即便有意義，某人負面的意見只是生活中必定會有的部分。糟糕的事情總是會發生。只要他盡力了，他覺得不需要彌補或尋求認同，不需要繼續改造自己，也不須像商業用語所說的漂亮地失敗。他只是對自己的工藝感到自豪，如果他不小心在器物的轉角接合處漏刷油漆，或是木頭表面有幾乎看不出來的螺絲釘頂部稍微突起，他就只是淡然視之，當作他會犯錯的記號。

這就是高標準：高標準無關乎不安全感。只有完美主義會將兩者結合。就像保羅所理解的，完美主義無關乎將事物或任務做到完美，也非在工作、外表、教養與關係之中，努力達成高標準。而是遠遠不僅如此。它是與讓**自己**完美有關，更明確的說，讓**不完美的自己**成為完美；過著防禦模式的人生、對身邊的人隱藏每項缺陷、缺點與短處。

對我來說，這樣看待完美主義是種重大突破。因為如果過度從不足思想的角度看完美主義，整個人生都會花在躲避這世界，這絕對不會是我們誤認為自我犧牲，這樣的鍍金標誌會帶來的成功。儘管我血液裡保有祖父精確態度，他的一絲不苟與我的完美主義，代表我們兩人相當不同。因此，我們各自的人生有全然不同的展望與內在對話。

對於完美主義者最大的誤解是以為我們主要關注的是做出卓越事蹟。與常混淆的自戀者不同，完美主義者不相信我們為自己寫的萬無一失的故事。雖然我們將目光放在完美標準，但我們之所以想做到是因為正確做好事情能降低源於羞愧而產生的害怕，避免由於不夠好而不被看重或不受他人喜愛——雖然這兩種恐懼都是一樣的，而不是因為這樣做能留給世界什麼，或甚至是達成之後，會讓我們看起來聰穎無比之故。

應該要注意這些根於羞愧的恐懼，因為在談論完美主義時，很容易忽略去區分完美主義者的外在作為與內心感受一事。羞愧是種自我意識的情緒，告訴我們自己不值得被愛與認可。這即是當我們以為自己被拒絕，甚至更糟的情況是被忽略之後而產生的，因為我們無法變得更值得。羞愧刺痛人，深入生命的各個面向，影響在自己與他人之間的關係中如何看待自己的方式。感到羞愧也是因為完美主義者對完美的關注，比起我祖父這類責任心重的人所感受到的自豪，還多上很多倍之故。這是一種一心探究**我們是誰**，以及我們認為對他人來說我們是多麼不夠好的核心。

我到目前的人生是一段追求遠高於平均成就的漫長之路，以這些成就和他人的認可支撐起比骨瓷還易碎的自尊。我的祖父沒有這樣的焦慮。當然他也想向自己與他人證明，他是位精湛工匠，但他以謙虛、耐心與決心，拒絕被反覆無常的意見所打擊。記住，高程度與低程度完美主義者與他人的互動全然不同，如同保羅所言，因為這些互動對於理解為什麼完美主義不只是我們為自己設下高標準而已非常重要。

因為完美主義就是一種關聯性特徵、一種自尊問題，不是隔絕於個人內部而來，而是從社交世界，以及透過與身邊的人之間互動而來。它源自於一段內心對話：「我不夠吸引人，不夠酷，不夠有錢，不夠瘦，不夠健康，不夠聰明，不夠有生產力。」最後殘酷地意識到：「所以只要我露出缺點，他人會注意到，而我在他們眼中就變得更不被接受。」自此，從這意識而來的每分力氣都會用在隱藏自己，並盡可能強化那些薄弱、依賴於完美的連結，將我們與他人綁在一起。

在一九八〇年代晚期，保羅在約克大學（York University）結識了戈登。兩人當時才剛拿到博士學位，皆被派任為心理學講師。身為憂鬱症評量的年輕學者，保羅早期的完美主義研究深深吸引著戈登。隨著時間推進，兩人開始發展緊密的合作關係與友誼。戈登說：「完美主義一直令我著迷，因此有機會能與保羅合作，我非常高興。……倘若我們能找出一系列的特徵，以及評量完美主義的工具，就能夠開始建立證據基礎。」

他們從保羅早些年寫下的一些描述自我的陳述開始。這些陳述包括完美主義思想、感受與行為的描述，人們根據父母所教導的有關完美主義者典型的思想、感受與作為，對以上描述有些同意或不同意，例如「我努力達到完美」或「我必定要是零缺點」，保羅說：「我的父母讓我看到完美主義是什麼，我只是非常仔細地聆聽，然後創建一些反映完美主義核心特質的條目。」

戈登從這部分開始參與，帶著他在人格心理學的專業，以及他的活力與熱誠，兩人結合長處，分工合作。接下來幾年，他們開始匯集完美主義的條目，接著將它們分給不同的樣本個體，然後再濃縮、重述、刪除，再次將條目送出。最終當他們完成最困難的部分後，得到了顯然是最能描述完美主義結構的最佳答案。戈登告訴我：「當完成驗證工作後，我們得到能概述完美主義核心特質的理論架構。」

為了正確地傳達理論，保羅與戈登將發現製成圖表。如左側圖表，他們的理論有多重面向。完美主義不只是單一想法、感受與行為，例如高目標或標準，而更甚於此。它是與自身的問題關係，我們對自己要求過多或對自己過度嚴格；同時也是種與他人之間的問題關係，我們認為身邊的人期待完美而且我們也期待他人表現完美。

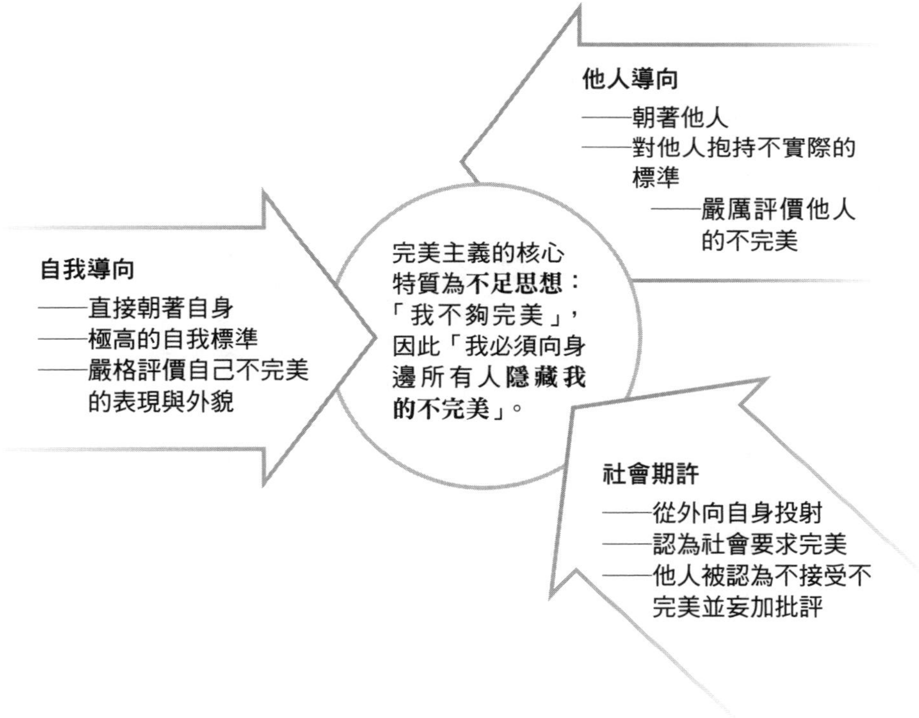

保羅與戈登的完美主義多重面向模型

認知完美主義包含祕密與公開，個人與關係的多重面向，保羅與戈登稱他們的理論為「完美主義的多重面向模型」（Multidimensional Model of Perfectionism）並在一九九一年由《人格與社會心理學雜誌》（*Journal of Personality and Social Psychology*）出刊的論文裡，將理論介紹給世人。[3]這個模型展示了些什麼呢？它顯示了完美主義是活生生的世界觀，從不足信念作為核心出發，即我們不夠完美，以及我們的不完美必須要對旁人隱藏。在這核心信念中，有各種完美主義的樣貌，能夠用特徵區別各種樣貌。

當保羅與戈登開始描述各種完美主義的樣貌，這些多重樣貌提供研究完美主義的新方式。我們看到的完美主義並非有極高標準的單一主角，而是出現一系列人格與關係特徵。以下是各種完美主義樣貌的敘述以及說明的案例。

自我導向完美主義——

從內部而來，抱持認為自己必須完美，也只能完美的想法，當作在世界生存的一種方式。

如果談到我們想像中的完美主義形象，首先會想到的是**自我導向完美主義**。例如工作狂同事或過度熱心的學生。「內在驅力與得要完美的內部壓力」即是保羅與戈登所稱自我導向完美主義的特質。這很可能可以激勵人心，但最終這種動機卻轉變為一定要完美、只能完美的令人精疲力盡的義務。

場地自行車選手維多利亞．彭德爾頓（Victoria Pendleton）的例子尤能鮮明描繪將壓力加諸於己的案例。彭德爾頓是位世代難得一見的運動員，也是英國奧運常勝軍之一。然而，她也以無法認可自身成就而聞名。她在二〇〇八年與《衛報》記者唐納．麥克雷（Donald McRae）的訪談裡提到，自行車競賽「是不停的競爭」，[4]她覺得從成就中獲得持續的滿足感很困難。她跟麥克雷說：「人們會說，哇，妳今年達到所有目標了，贏得兩個世界冠軍與一枚奧運金牌。」「可是我想，沒錯，但為什麼我感到不滿足，而且還覺得壓力好大？」

自我導向完美主義最明顯的特徵是超級競爭的個性加上永遠覺得不夠好。然而超級競爭性反應了某種矛盾，因為很奇怪的是具有高度自我導向完美主義的人，可能會因為害怕失敗與失去他人認可而退縮逃避競爭。保羅告訴我：「被困在想要成功與害怕失敗之間，是自我導向完美主義者面對的根本焦慮。」「我們一方面需要不斷努力，希望能受到旁人的尊重與接受，而另一方面，我們需要盡一切可能以避免失敗而帶來的羞愧。」

這樣矛盾的存在會讓自我導向完美主義者在追求完美與自我責罵，以及過度思考與拖延等自我毀滅行為的傾向之間來回擺盪。

自我導向完美主義者做的事情常被認為是優秀又卓越。但外表上看不出來，因為他們通常會削弱成功的證據，並且一遇到掙扎就嚴酷貶低自己。他們不由自主地修補、反覆，讓自己各方面都完美，都是他們將想像中的缺點當成真有其事的證據，而且還堅稱一切都是真實的。

彭德爾頓即是以上描述的好例子。她顯然不理性看重她為自己設下的過高標準。她覺得自己不夠好，無法達到這些標準，成為她的自我分析中不斷出現的議題。透過自行車競賽，她「只想要證明『她是』真的擅長某件事情」。她向麥克雷解釋說：「我還沒達成目標，至少沒達到我自己的目標。我知道我能騎得更好，更輕鬆，更健壯……我一點都沒有達到應該達成的目標。」

彭德爾頓在之後與麥克雷的訪談裡同意她是「沒有安全感的人」、「情緒化」與「嚴格律己的完美主義者」。她的描述說明了缺乏自我疼惜，這種情況可見於擁有高度自我導向完美主義的人身上。這提醒了我，保羅在臨床觀察上最常見到的特徵，即為所有受苦的完美主義者身上都有羞愧與反覆思索的情形。他從數百次諮詢互動裡整理出的案例筆記，揭露了自我導向完美主義者發展出扭曲的自我形象，是種「超越不喜歡自己，而是到自我厭惡的樣貌」。

身為許多高成就年輕人的導師，看到很多自我厭惡的狀況讓我很難過。一位名叫安妮的學生情況尤為嚴重。跟彭德爾頓一樣，她很有野心、很努力與極為有才能。然而不管她做得多好，我們在聊天時她總會將她的成功當成徹底失敗。在面談時，安妮總是會談論成績不夠優秀，她還不夠努力，以及她讓自己與他人失望。

在現代的學生之中，安妮的完美主義並不獨特，但我覺得是特別極端的案例。如果我能聽見她內在對話，可能會是如此：「我比別人努力很多，但卻沒有做得更好，所以我可能不聰明，也沒有才能。」像安妮一樣的自我導向完美主義者，他們投入的努力卻成為一點都不聰明與沒有才能的證據。他們追求完美的需求只會放大自己討厭的缺點。

具有高度自我導向完美主義者會覺得被迫參加贏不了的遊戲，包括努力追求完美，但只為了讓自己免受因不完美而感到羞愧與困窘。保羅告訴我：「過這樣的生活很累人，得要完美、糾正或隱藏自己的不完美。因此沒有留半點喘息或自我同情沉思的空間。」

社會期許完美主義——從環境而來，抱持他人期待我完美的想法。

完美主義不只是有過高的個人標準，還有更為有害的社會原因。保羅與戈登稱之為**社會期許完美主義**，意指完全相信他人總是期待我們是完美的。當我們達不到那不可能的標準時，就認為他人將會嚴厲批評自己。

根據保羅與戈登的理論，社會期許完美主義以相信不斷評判的幻覺為特徵，這會讓人總想要達到他人的標準。有這樣幻想的人不論在何處，總會聽到他人對自己缺點的冷嘲熱諷，即使是和善話語也會被詮釋成對想像中自己不完美處的攻擊。此類人的內心對話會說著自己應該要動作、外貌、舉止都符合他人對自己的期待，而他人期待你是完美的。

社會期許完美主義與自我導向完美主義相似。但在這種情況下，達成完美的需求來自外界壓力。社會期許完美主義者相信，倘若他們不完美，會受到嚴厲評判，因此他們得要努力追求完美，以獲得他人的認可與贊同，而這些人可能他們都不認識。在一個散發著完美的世界裡，認為自己不斷受到評斷源自於實際的生活經驗。然而這並不一定得要如此。社會期許完美主義只是一種濾鏡，透過它，我們詮釋來自他人真實或是想像的要求。

我的一位大學朋友奈森（Nathan）就是一位社會期許完美主義者。他是位安靜的年輕人，非常一絲不苟，極為成功，但卻容易心情低落、偶爾焦慮發作。在我們就讀的教學型大學裡，這一系列特徵顯得十分獨特，而這樣的特點讓他受到非常多的「嘲笑」。他雖然都表現出不在意，但我看得出來他有受到影響。

我最近再度與奈森聯絡，得知他還是會樂於默默地將事情做到完美。豪不意外地，他現在在金融業擔任高層職務，然而即便如此，他仍認為自己很失敗。他已是位高成就者，但仍舊認為身邊的人遠比自己還有能力。他告訴我：「他們超級有才能，他們將標準拉得好高。我不可能追得上，他們知道我無法跟他們一樣。」

我跟他說：「你一定是做了對的事情，不然他們不會一直提拔你。」他顯然無法理解這事實的關聯性，或即使他懂了，他也很快地摒棄這樣的想法。他說：「我一直都被期待做更多。即使我達成目標，甚至超越了目標，也不夠。你做得越好，對你的期待越高。」

奈森的不安全感顯然沒有消失。他仍覺得時常被監看，總想著人們是否會認為他一直表現夠卓越。只是現在公司文化的強度讓他比以前更害怕露出自己的脆弱內在。

另一處可以見到很多這樣的恐懼之處是演藝事業。畢竟，名人經常受到仔細審查，受制於無法逃避的壓力——來自不鬆懈的表演與外貌完美理想。這也是有這麼多公眾人物承認自己是完美主義者的原因。如果你讀過他們的自白，會發現他們的故事裡幾乎都有提到社會期許的壓力。

黛咪．洛瓦托（Demi Lovato）的故事尤其能說明。洛瓦托是位極為有天賦的表演者，擁有非常成功的職涯，然而這樣的成功卻是以極高的個人代價換來。

她掙扎的原因鮮明地記錄於二〇一七年的紀錄片《複雜人生》（*Simply Complicated*）裡。從很小的年紀開始，洛瓦托說：「我以前是個完美主義者，我真的很想成為菁英中的菁英。」洛瓦托說她青少年時參加迪士尼《搖滾夏令營》（*Camp Rock*）節目，成為聚光燈焦點為她帶來負面影響。「我開始感受到得要有某種樣子的壓力，要演唱人們會喜愛的歌曲，而非演唱我喜愛的歌曲。」

洛瓦托描述身為備受關注的演藝人員的壓力。「有一定要成功的壓力，你知道的——排行榜數字。」壓力主題也再次出現於二〇一一年她與ＭＴＶ頻道詹姆斯·汀（James Dinh）的訪談裡。洛瓦托對汀說：「為了看起來好看、聰穎、纖瘦、才華洋溢和受歡迎，許多人都覺得必須取悅所有人。」[5]

如同自我導向完美主義者，社會期許完美主義者的生活是不斷嘗試修補不完美的自己。但是此類型的完美主義者，主要的動機是迎合他人的期待，明確的目標是獲得他人的接受、愛與認同。保羅告訴我：「這些未滿足的關係需求其實是阻擾完美主義者的東西，這也是其傷人之處。社會期許完美主義者在這方面深受其害，因為他們總得對身旁的人隱藏其不完美之處。」

在洛瓦托的自我分析裡，我們看到以上說法的驗證。社會期許完美主義讓生活充滿極大壓力，完全取決他人意見過活，拼命試圖成為他人、某個完美的人。戈登補充說：「是壓力，而且這種壓力伴隨著強烈無助感。」

他人導向完美主義——是向外的，抱持他人必須要完美的想法。

保羅與戈登辨識出完美主義最後面向是**他人導向完美主義**。這樣的完美主義對著他人，像是朋友、家人或同事。雖然我得強調「他人」時常指的是在他人導向完美主義者周遭的人，但不限於此。他們怒火指向的目標也可能是一般人。戈登解釋：「他人導向完美主義者愈覺得自己是標準，他們就愈容易堅持他人得達到他的標準。」

他人導向完美主義者很容易辨識，因為達不到他們的標準時，他們就會勃然大怒。這樣的行為明顯有問題，尤其在關係上。如果你要求他人要完美，你又很挑剔對方，衝突即無可避免。例如想一下與苛刻的老闆、嚴格的教練或是愛批評的朋友之間的爭吵。場面一般不會太好看。

他人導向完美主義者為他人設下達不到的高標準，這是為了要補償自己想像中的不完美——即佛洛伊德所稱的「投射」（projection）。保羅說：「這些人天生充滿自我意識，而他們的他人導向完美主義是種將注意力從自我上轉移的潛意識工具。」

這讓我想起我第一個老闆。潭美（Tammy）是位看起來得體，不能說是非常美麗，但仍相當漂亮的中年人士，她在鎮郊經營一家健身房。我十八歲時在她的健身房擔任實習健身房主管——這是我夢寐以求的工作。很快地，潭美的完美主義問題逐漸浮現，出現在她經常對下屬發怒的時候。她情緒不穩、焦慮又傲慢。當她認為你沒有做好工作，她就很常會變得充滿敵意，而且對你做的每件事都會感到懷疑。她會來回巡視健身房地板，清除沒被清理的小灰塵和汗滴，讓你清楚知道你做得不夠好。我以前時常對潭美傲慢的管理方式生悶氣，但是現在我能清楚知道她的行為是投射她自己。我的錯誤讓她想起她的錯誤，她無法忍受我沒做好事情，正像她無法忍受自己一般。

當真的有壞事發生時，她就會失控。某日健身房游泳池設備故障，因此灑太多氯到水裡。因為我是負責檢查泳池的人，潭美直接要我解釋。她顯然看起來壓力很大，就在驚訝不已的健身房客人的面前，大聲咒罵且威脅我，若有任何損害的話要控告我。然而，泳池維修人員抵達後告訴她，問題與我沒關係，她先是停了一下，貌似想著道歉的話，但最終只是裝作沒事一樣催促我回去工作，我則是直接走出大門。

我們都遇過像潭美一樣的他人導向完美主義者。然而最惡名昭彰的可能是史蒂夫．賈伯斯（Steve Jobs）。一般認為賈伯斯是改變蘋果（Apple）公司命運的人，將其從一九九六年瀕臨破產的公司，轉變成今日市值達一兆美元的跨國公司。在二〇一一年賈伯斯剛過世時，蘋果公司新任執行長提姆．庫克（Tim Cook）寫道：「蘋果失去了……一位創意天才。」美國前總統巴拉克．歐巴馬（Barack Obama）補充說：「世界失去了一位夢想家。」

賈伯斯的確是夢想天才，但如同華特．艾薩克森（Walter Isaacson）於傳記裡詳細描述的，他同時也非常複雜。賈伯斯的妻子羅琳·鮑威爾（Laurene Powell）跟艾薩克森說：「他的人生與人格中有某部分非常糟糕，這是實話。」[6]《大西洋月刊》（*The Atlantic*）記者雷貝卡·格林菲爾德（Rebecca Greenfield）嘗試釐清賈伯斯的複雜性是受完美主義影響的關聯。[7]格林菲爾德寫道：「完美主義是不斷折磨賈伯斯的疾病。」，引用麥爾坎·葛拉威爾（Malcolm Gladwell）在《紐約客》（*New Yorker*）上發表的一則關於賈伯斯對某家紐約旅館提出嚴苛裝飾要求的軼聞故事。

「他為了記者採訪而到紐約的飯店套房，並在晚上十點時決定鋼琴要重新調整位置，而草莓品質不佳，還有花完全搞錯，因為他要的是海芋。」[8]

身為典型的他人導向完美主義者，賈伯斯使用完美主義當作權力手段。一位賈伯斯的朋友告訴艾薩克森：「（他）有奇異的能力能知道你的弱點，知道什麼會讓你覺得卑微，讓你畏縮。」當《高客網》（*Gawker*）的萊恩·泰德（Ryan Tate）訪談賈伯斯的前同事，他們告訴他相同的事情。他們回想起他是「很無禮、輕蔑、有敵意、很討人厭」，是那種操縱員工當作是激勵方式的老闆。[9]

這些描述顯示賈伯斯所做所為，遠超過時不時會大發雷霆的傲慢老闆。葛拉威爾在同篇紐約客文章裡提到：「他會對下屬咆哮」，而在艾薩克森執筆的傳記裡寫道，賈伯斯曾對公關助理說她的西裝「很令人反感」。最終，格林菲爾德寫道：「他無法面對不是完美的事情」，當他達不到那不可能的標準時，他「轉而發洩在他人身上」。

對賈伯斯的描述說明很多事情。縱使他有顯著的外在成就，他的完美主義讓他擁有容易受到威脅的脆弱自尊，因此受到威脅時，使他經常攻擊他人。像賈伯斯一樣的他人導向完美主義者，有著不計代價必定要贏的態度，這其實無妨。但當其支配地位受到威脅，則會引發怒火，以及在某些情況下，引發挑釁舉止。保羅說：「這對溫暖、和諧的關係並無助益。」

安妮、彭德爾頓、奈森、洛瓦托、潭美和賈伯斯這些人並不是少數。我可以寫一整本充滿完美主義者的簡介與他們的痛苦故事選集。然而我選擇將焦點放在這些人物，因為我們想要理解完美主義的廣度與深度，以及其許多面向，而他們不同的經歷尤其具啟發性。這些人都想要完美，然而每位的需求呈現在不同面向，端視主要是哪種完美主義在發揮作用。

三種完美主義面向通常被描述為獨立個體。這幫忙釐清，卻也過度簡化，好似自我導向、社會期許與他人導向三種完美主義彼此不受影響，但並非如此。相反地，就像畫家調色盤上的水彩，保羅與戈登的三面向完美主義相互重疊，重疊的程度讓人可能有一種、兩種或三種完美主義面向都很高的情況。

舉賈伯斯當例子。我們前面看到他有時對同事抱持嚴苛要求、帶有敵意的態度，這樣的態度讓人聯想起他人導向完美主義。然而，根據雷貝卡．格林菲爾德，「他甚至日常小事……也用完美主義的思考處理」。她從薩克森的傳記裡引用一則賈伯斯購買洗衣機時權衡利弊的故事，闡述上述傾向。

「我們在家裡花了一些時間討論我們想要換得的東西。可是我們卻花了很多時間討論設計，還有家庭價值。我們最看重的是能在一小時或一小時半的時間完成洗衣嗎？或是我們看重的是，衣服能非常柔軟，能久穿嗎？我們看重的是，能用四分之一的水量完成洗衣嗎？我們花了兩週，天天在晚餐桌上討論這些事情。」

格林菲爾德挖苦地說：「就只為了一台洗衣機。」賈伯斯是完美主義的個人與關係分界線模糊的最佳例子之一。在他心中，兩者並無區別。如果他會對每件小小的不完美勃然大怒，那麼為什麼其他人能避掉同樣的折磨呢？

不是每個人的完美主義表達方式都與賈伯斯的完美主義相同。我的完美主義主要朝向內部、像冒牌貨一樣，這讓我擔心公開展示不完美的部分。洛瓦托的完美主義顯然主要從外部而來，持續不斷的壓力困住了她。換句話說，我們顯然是複雜的生物，各自有多樣不同的條件，因此就有無限多種的完美主義者。保羅告訴我：「我們通常會看到某種面向比較突出，但這並不代表人們不能有與其他面向的完美主義相關的想法、感受與行為。事實上，很常見到完美主義者在三種面向上都具有高程度。」

串連所有完美主義者的不變起源是一種糾纏不休的不安全感，即不論我們做了什麼，我們都不夠完美。

自我導向、社會期許與他人導向完美主義，三者間錯綜複雜的交互作用即是保羅與戈登將完美主義當作是種範圍的原因。戈登解釋：「我們的三種面向就像蜘蛛網上的線。所有的線都是蜘蛛網的一部分，而每張蜘蛛網都其獨特結構。」

每條線延伸的長度端視每人在每種完美主義面向的程度範圍。例如有些人可能在自我導向完美主義的面向程度較高，其他人可能在社會期許與他人導向面向程度較低。如果我們畫出網狀圖，可能會像以下圖表。

了解完美主義的線圖分散樣貌需要有衡量的工具。

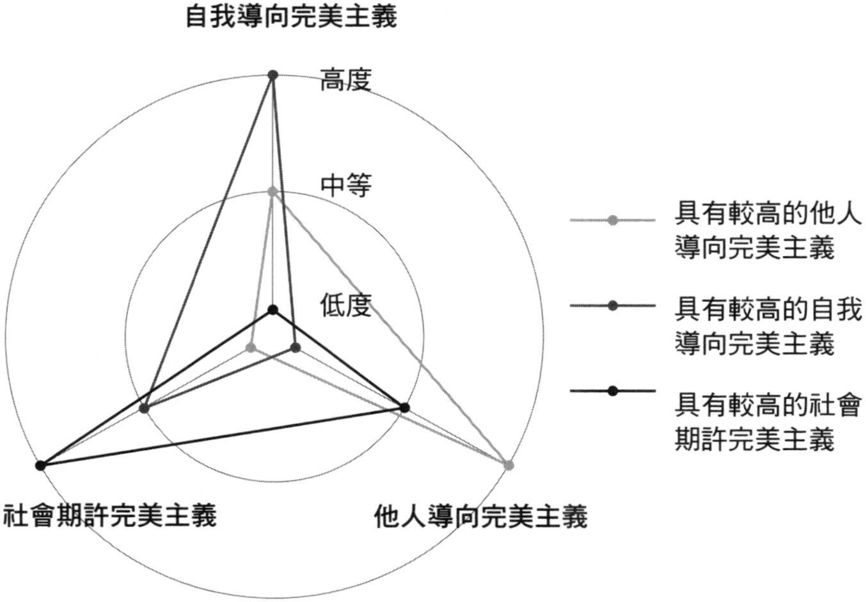

假設性完美主義的圖形是根據每個人在自我導向、社會期許與他人導向完美主義範圍的程度高低而形成。

這也是保羅與戈登開啟研究旅程，第一件事是運用保羅所寫的描述自我陳述發展出完美主義量表。他們的「完美主義多重面向量表」（Multidimensional Perfectionism Scale）是一份問卷，包含四十五則關於自我導向、社會期許與他人導向完美主義的陳述。填寫人必須對每則以一至七分來評量，表達同意或不同意的程度。

你能用這份從保羅與戈登的完美主義多重面向模型改編而來的版本，評估你在每種完美主義面向落在哪個範圍。請使用「強烈不同意」、「不同意」、「稍微不同意」、「不確定」、「稍微同意」、「同意」或「強烈同意」回答每則問題。[10]

自我導向完美主義

1. ＿＿ 在對我而言重要的事物上，我必定要表現完美。
2. ＿＿ 當我搞砸或表現不佳，我對自己非常嚴苛。
3. ＿＿ 我對自己要求標準極高。
4. ＿＿ 如果我看起來或表現不完美，我會覺得非常有罪惡感與羞愧。

5. ＿＿＿我力求完美。

社會期許完美主義

1. ＿＿＿當我犯錯或表現不佳，會有人等著要批評我。
2. ＿＿＿每個人都很完美，如果我不完美，他們會評斷我。
3. ＿＿＿親近我的人只接受完美的我。
4. ＿＿＿如果我做事不完美，人們會對我生氣。
5. ＿＿＿每個人都期待我是完美的。

他人導向完美主義

1. ＿＿＿我覺得很難忍受身旁的人有低於標準的表現。
2. ＿＿＿如果他人不用盡全力嘗試，我會讓他們知道。
3. ＿＿＿對於重要的事，每個人應該全力表現卓越。

4. ＿＿＿親近我的人搞砸事情或表現不佳，批評對方是很重要的事情。

5. ＿＿＿我不喜歡身邊圍繞著抱持低標準的人。

如果你對一組、兩組或三組問題的回答大部分是「同意」或「強烈同意」，你很可能在每個完美主義的各個面向都占相當高程度。如果你在「稍微不同意」與「稍微同意」之間擺盪，你可能在完美主義各個面向的中間值。如果你大部分的答案為「不同意」或「強烈不同意」，好消息是你可能不太特別有完美主義傾向。

這些完美主義組成的個體差異代表，即便你在某一個面向或更多完美主義面向獲得了高分，但本書中的內容並不一定能完全適用於你。保羅與戈登發展「完美主義多重面向量表」是為了盡可能描繪完美主義思想、感受與行為，某些部分可能可以適用於很多人，但有些卻無法。這就是完美主義有趣之處：沒有任何一種適合所有人的通用模型。

保羅與戈登開發「完美主義多重面向量表」也是為了當作能精確指出人們於完美主義各個面向範圍程度的研究工具。利用這簡單工具，他們的實驗室與全球各地的實驗室能評估人們生活的其他領域，像是心理健康、關係品質或在學校或工作上的表現情況。這些年來運用這些量表，累積了大量科學成果，像是論文摘要、論文與統合分析等，這些研究揭露了一些迫切問題的驚人答案：例如完美主義對心理健康的影響、完美主義是否對成功來說不可或缺、完美主義的起源等。所以，讓我們來檢視這研究成果。

PART 2
完美主義
對我們的影響

第三章 凡殺不死你的

或完美主義對心理健康造成極大損害的原因

我整個早晨都在寫作，有著無限愉悅，這有點怪，因為我一直都知道自己的作品並沒有讓人感到愉悅的理由，而在六週內或幾天內，我應該就會討厭它了。

英國作家 維吉尼亞・吳爾芙（Virginia Woolf）[1]

在與保羅和戈登喝了兩杯啤酒閒聊之後，我開始兀自沉思。他們的話讓我思考完美主義到底對我們有什麼影響，部分是因為有許多人困於完美主義之中，而我也是其一。我想知道為什麼這兩位會認為完美主義非常狡猾，為什麼他們富有啟發性的反思，卻顯然預示了我們談話將轉為悲觀。

我問他們：「完美主義到底有什麼問題？」他們的擔憂建立於在他們認為心理困擾的背後潛藏著完美主義。保羅說：「如果你想知道為什麼現在有這麼多年輕人苦苦掙扎，你必須得了解完美主義。」

之後我逐漸明白，他們所言無誤。保羅與戈登發展出完美主義量表之際，研究人員也正審視完美主義是否造成各種苦痛，像是憂鬱、焦慮、暴食症、自我傷害與自殺等。戈登：「我們的量表開啟系統性研究計畫的可能，難過的是我們卻發現令人沮喪的情況。」

戈登提及的研究大部分是相關性的。相關性研究涉及研究人員在一次性調查中，讓人填寫「完美主義多重面向量表」與結果測量，像是焦慮或憂鬱。假設保羅與戈登對完美主義的想法是正確的，在這情況下，非常焦慮的人會有高度的完美主義傾向，較不焦慮的人應該會有中等的完美主義傾向，而幾乎不焦慮的人則只有低度完美主義傾向。這樣的話即是正相關；有高度完美主義傾向者也會高度焦慮。

相關性並不等於因果關係。然而當足夠的相關性朝著同個方向，你知道事情不尋常。保羅告訴我：「我們的實驗室與世界各地的實驗室常常發現，完美主義和心理與情緒困擾、有問題的思考模式與身體形象焦慮的標記，有時的確有非常高的相關性。」

保羅與戈登的完美主義面向之中，自我導向完美主義是最為複雜的。表面上，研究可能指出完美主義有益，或它某種程度能促進自尊與正向情緒。然而這些結果掩飾了將自我價值綁在成就之上與無法從成功獲得持續的滿足感，進而造成精神脆弱的問題，我們從前章節中維多利亞．彭德爾頓的自我反思裡可見此心態的鮮明例子。[2]

在數百項研究裡，自我導向完美主義與自尊、快樂等好東西相關，但同時也與許多非常壞的東西相關，像是憂鬱、焦慮、絕望、身體形象焦慮與厭食症等。[3]甚至還有更令人擔憂的證據顯示，自我導向完美主義增加自殺念頭，雖然只有非常小的影響程度，意思是影響是可察覺到的，但其他的因素更為重要。[4]最近的全面評估證實，自我導向完美主義的負面影響與焦慮的正相關，並預測會隨著時間加深憂鬱程度，這是有時在單次研究裡會被忽略的影響。[5]

他人導向完美主義則是有趣的例子，因為研究主要將其放在關係的脈絡下研究。然而，此處的發現也很令人擔憂。許多研究發現他人導向完美主義與較高報復心、對讚揚有不切實際的追求、對他人的敵意正相關，以及無私程度較低、較無法遵守社會規範與較不信任他人。[6~9]在親密關係裡，他人導向完美主義也是相當有問題的。它與閨房裡重要的問題、和伴侶會有較大衝突，以及較低的性滿意度有關連。[10、11]

這些對自我導向完美主義與他人導向完美主義的深刻見解描繪出一幅黯淡景象，但這卻不是保羅與戈登最大的擔憂，他們擔心的是社會期許完美主義。具有高度社會期許完美主義的人通常有較高程度的寂寞感、擔心未來、對認同的需求、較差的人際關係、長時間反覆思索與擔憂，害怕在他人面前顯現不完美、自我傷害、身體健康不佳、生活滿意度較低和長期自尊低落。[12]他們也非常容易受到嚴重的心理困擾的影響。例如在相關研究裡，這樣的人較常有絕望感、厭食症、憂鬱與焦慮症，如同自我導向完美主義，社會期許完美主義也與自殺傾向高度相關。[13]

研究自殺的英國心理學家羅瑞．歐康納（Rory O'Connor）對社會期許完美主義的連結提出一種理論。他告訴《心理學家》（*The Psychologist*）：「其實不一定是替自己設高標準帶有潛在風險，而是你認為他人對你的期待。如果你覺得無法符合他人的期待，你可能會內化這樣的失望成為反覆思索地自我批判，而對某些人來說，則會進入（開啟）失敗與絕望的自我評判循環。」[14]如果沒有介入治療，歐康納認為這樣的循環會帶來悲劇性的結局。

不只是如此。當社會期許完美主義結合自我導向完美主義時，會產生複合影響。戈登解釋：「不論是憂鬱、焦慮、自尊、反覆思索或身體形象焦慮，結果都一樣，高度社會期許完美主義加上高度自我導向完美主義是種危險組合，這可能會將問題放大許多倍。」在數百份研究裡可見到這樣的複合影響，顯示社會期許完美主義在心理困擾方面的影響因為自我導向完美主義而增強。[15]

完美主義完全不只是種內在強烈衝動，或是造成強迫傾向的東西，而更像是種造成心理與情緒困擾的潛在風險因子。換言之，完美主義內建有具侵略性與強化的脆弱性。這樣的脆弱性非常真實且活躍，並成為完美主義者理解發生在身上的事情的透鏡，這樣一來使他們極易受到非常多心理健康問題的影響。這也是保羅與戈登這麼擔憂的原因，他們深信完美主義潛伏隱藏在較可見的心理與情緒困擾症狀之下，像是焦慮症、身體形象焦慮、憂鬱心情等，很不幸地這些出現的頻率正在攀升。

這也許並不是很驚人的發現。畢竟，完美主義如果沒有伴隨的壞處，也就不會是我們最喜愛的「缺點」。但是，我想我們是否真的完全意識到完美主義帶來的痛苦呢？而首先，為什麼完美主義會讓我們這麼痛苦呢？我們了解它與許多的心理健康問題有關連，但我們尚未深入探索背後的原因。為了深究，我們將需要打破一些迷思，從當代文化裡最令人起疑的信條之一開始。

「凡殺不死你的，會讓你更強大。」近年來，尼采（Friedrich Nietzsche）的名言儼然成為陳腔濫調。這句話出現在學校走廊牆面、健身房更衣室、大學圖書館，並浮印於馬克杯、T恤和保險桿貼紙上。流行歌手凱莉．克萊森（Kelly Clarkson）將這句話用在她極為風行的排行榜第一名歌曲《堅定不移》（*Stronger*）的副歌，這首歌探索賦權與從心痛中恢復等主題。如同佛洛伊德提醒我們，苦難是生活中不可或缺的一部分。但是近來尼采的話被引來賦予苦難某種神奇、具改造能力的力量。

社會也迫切希望相信這股神奇力量。我們遭到白手起家、自信幻想的轟炸，身於其中的我們應該要忍耐，甚至是擁抱掙扎，倘若我們想成功，則得要不畏艱難地奮鬥。前往書店瀏覽心理勵志書籍區，會發現數以百計的書名，承諾給你「正向思考」的能力，或使你更有「適應力」。傳播相同訊息的生活教練充斥於社群媒體平台上，像是「起來，該是磨練的時候了」、「穿越痛苦」、「值得的東西都不易獲得」等。

前述所言代表當代共識是：我們必須一直成長，不動搖地保持正向，而被擊倒時，得要克服萬難。遇到壞事時，沒問題，把身上灰塵拍掉，再爬起來，繼續為下次更好的結果而奮鬥。日常的各種苦難，像是感到不開心、困惑、些許疲憊，或是在壓力事件後處於悲哀、仇恨或傷心的狀態，這些是弱者、懶人與無野心者的特質。人必須堅強、不妥協與無懼。超級英雄對上懦夫。

這種與苦難的奇特關係是我認為我們有點輕鬆看待完美主義與心理困擾的相關性之故。我們認為完美主義會帶來傷害是理所當然，是因為我們認為這樣的傷害絕不會真的帶來傷害，而是帶來美好生活的祕訣。凡殺不死你的，會讓你強大。

保羅與戈登認為這不對，而我也傾向同意他們所言。完美主義並不是我們誤以為的披風戰士。它不是自我犧牲的韌性，而是自我妨礙的喧囂。

就讓我們來檢視完美主義控制生活的實際程度。讓我們理解當事情不順遂時，真實發生的巨大艱難性。讓我們開誠布公地談論我自己面對完美主義的失敗經驗。

我的前女友名叫艾蜜莉，但大家都叫她艾。我不會這樣叫她，我不會叫她的名字，除了我們在高中時剛開始約會時會這樣做。在一起的數年來，我都叫她「親愛的」。如果我突然叫她艾或艾蜜莉，她一定會知道事情很非常不對勁。

我很慌張地傳訊息給她：「艾蜜莉，我想要知道現在怎麼了。」

她回覆：「我晚上六點半到家。到家後，我會跟你說全部的事情。」

晚上六點半到了，艾蜜莉卻還沒到家。因為她晚回家之故，我走出來到公寓街區的庭院透氣。我記得太陽留在草皮上拖長影子的淡灰色調。我記得溫暖夏日傍晚獨特的溫度。鄰居在煮晚餐，我也該這樣做，但我根本沒辦法思考，更何況要煮飯。

突然間，艾蜜莉的車子從我眼前呼嘯而來，左轉過閘門，消失於通往下方街區停車場的坡道下方。我走回大樓，上樓梯，進入公寓坐著等她。

艾蜜莉在車上待了一會兒，比平常還久。她知道事情不對了，因為某晚我在她開啟的手機上，看見跳出來自未知號碼傳來的訊息。她說訊息是跟同事的調情笑話，只是有點玩過頭了。我相信她，因為我愛她。然而另一則不是這麼隱晦的訊息突然跳出，她立即意識到應該要向我說明。

艾蜜莉用鑰匙轉開鎖，門突然打開了。她在門口放好外套與鑰匙後，從走廊走來客廳見我時，我可以聽見她沉重的呼吸聲。

我蜷縮在沙發邊緣，艾蜜莉蹲在我面前。她低著頭，深呼吸一口氣，而我也跟著做同樣動作，希望接下來發生的事情不要太痛，而她的坦白不會嚇到我。她先從訊息開始解釋，這是來自她某晚出去玩樂時認識的男子。

她跟我說：「我喝醉了，我們聊了一下。」

她沒再說話，句尾聲音裡的低沉哽咽告訴我接下來的事情。我撇開頭，抹掉手掌裡的汗水，看到我的皮膚由於殷切期待變成蒼白透著淡紅色。

她繼續說，幾乎快說不出口：「事情一件接著一件，然後我回到他家。」

艾蜜莉明顯停頓讓自己稍微冷靜。我等著看她是否會在做最後痛苦的坦白前回頭。我看得出來她想，但我堅持她得說完該說的話。

「湯姆，我們上床了，我很抱歉。」

抒發顯然讓她壯膽。於是她繼續說著我們有陣子遠距離交往時她有過親密關係的人。愧疚吞噬她，而她想要說出記得的所有事情。

艾蜜莉知道她說出來是正確且公平的。但到了此刻，我卻忘了所有應該這樣做的好理由，只希望我從來沒問過。在那時，我處於最脆弱的時刻，體驗到青年時期最強大的情緒困擾，即讓自己暴露於痛苦事實、羞愧、恐懼和心碎之中。

艾蜜莉在最後坦白時做了件意料之外的事情。她在一半時停了下來，向我伸出手。

我當時沒有握住她的手，但我希望我有。我們都很年輕，就只是犯錯了。

艾蜜莉說完該說的話，深呼吸試著稍微控制快速跳動的心跳。之後發生的事情已模糊。我只記得悲傷與自己無生氣的身體，而艾蜜莉就氣喘吁吁地蹲著，絕望地盯著我。

潛伏於完美主義中的強化脆弱性總在事情出問題時浮現。我們越是暴露於那些情況，完美主義帶來的傷害越大。完美主義十分全面，讓我們全然著眼於自身的脆弱、弱點與不完美，因而加劇放大脆弱時刻，使我們完全無法動用資源來處理情緒。像是我在青澀青年時期經歷的心碎，磨難是常見的人類苦痛，為生命高低起伏的一部分。即便如此，當磨難無預警地降臨，完美主義會讓磨難感覺像身邊所有事物都分崩離析一般。

艾蜜莉坦白後的隔天早上，我起床沖澡，讓冷水淋濕全身。清涼水霧噴至我疲憊的臉上，短暫地讓我從麻痺中醒來。我整夜沒睡。我整夜讓可怕影像、失去艾蜜莉的悲傷與自我批評折磨著自己。然而，儘管感到前所未有的低落，儘管看起來極為難過，我從淋浴間出來，擦乾身體，穿上衣服，然後去上班。

像之前的每天一樣，我坐在辦公桌前、參加會議、回電子郵件、與同事交談，好像什麼事都沒發生。而在心裡，我困在情緒、憤恨與悲傷混亂中。我對艾蜜莉全然敞開心胸，而我感覺艾蜜莉用最殘忍的方式拒絕了我。她的坦白讓我直接面對我所有的缺點，而這些是我有足夠理由厭惡的缺點。我嚴厲批評自己。我問自己這一切怎麼會發生。我懷疑自己的外貌、身體與我的男子氣概。我感到軟弱、困窘，自尊也粉碎一地。

完美主義增強了像這類的壓力。它使我們對盔甲上的裂口感到極為敏感，迫切希望能拯救我們努力創造的完美外在人設。當我們遭遇充滿壓力的情境，會擔心他人看待我們的方式，反覆思索他人的評判，強烈自覺到自己不是應該成為的人。每次研究人員讓受試者在實驗室經歷充滿壓力的情境，像是公開演講或競爭失敗等情況，總是那些具有高度完美主義者有最驚恐不安、最愧疚與最羞愧的感受。[16]

雖然受到這些情緒的折磨，完美主義者仍可以保持驚人敏捷狀態。即便面臨相當沉重的壓力，即使內心充滿嚴苛的自我批判，他們仍可以長時間偽裝過著完美生活的樣子。研究顯示具有高度完美主義傾向者遭遇挫折時，仍會忍住不舒服持續努力不懈，而且一般會展現相當程度的強迫行為，尤其在工作場域上更是如此。[17]他們害怕倘若沒有持續奮鬥，抑或是至少看起來像在奮鬥的樣子，就會遭受拒絕與不被認同。

艾蜜莉的事情讓我受盡折磨，但我不知怎麼卻挺住了。我做得到是因為我覺得若是顯露我的脆弱面，讓自己有空間能療傷，這樣的做法會受到社會難以想像的批評。我沒跟任何人說身上發生的事情，壓抑悲傷，隱藏羞愧，也沒有尋求幫助。研究顯示具高度完美主義傾向的人很少會顯露壓力或痛苦，也很少會為處理心理健康問題尋求幫助，也不會去諮商。[18]他們會將問題盡可能藏的很深，好似問題並不存在，而為了能挺住，會更進一步投入完美主義。

這是很悲慘的處理方式。逼迫自己在逆境中持續前進，開啟殘酷循環，讓壓力蔓延滲入生活各個層面。這樣的處理方式是為了挽救我們希望他人看到的完美形象，但代價卻很大。我們努力模仿完美的人，但現在卻離得更遠了，因此得要帶著情緒的包袱加上形象管理的壓力繼續前行。

我們變得精疲力竭、過勞。生活變成一場英勇戰鬥，只為了保有像瓷器般脆弱的完美表象，這表象由不堅強、不持久的虛假微笑、假裝的精力充沛以及壓抑恐懼組成。我們一再遭遇壓力、挫折、失敗，而評判不停累積，直到某日，焦慮變得無法承受於是爆發。壓力潰堤，焦慮傾瀉而出。

我永遠忘不了第一次恐慌發作的時候。大概是我與艾蜜莉分手三個月到四個月之後。

我沒有跟任何人說分手的原因，只說雙方合意分手。我記得某日下午就像平日坐在辦公室電腦前，繼續前晚熬夜進行的工作。

無來由地，一道白色閃光出現在我的視線裡。一開始有點惱人，但接著它漂到視線邊緣，接著再慢慢移到視線中，我的視線開始變得模糊，無法專注。我不知道原因為何。我現在還是不知道原因。但顯然像這樣的閃光是產生更多焦慮的急性壓力的常見症狀，這是我們身體反應焦慮的許多方法之一。

我從沒有這樣的經驗。我感到驚慌失措、喘不過氣，雙手開始顫抖，心臟撲通跳動。我從椅子上站起來衝到廚房，替自己倒杯水，但這沒有用。於是我移動到交誼廳，躺在沙發上。在擔心我又不了解情況的同事們面前，我閉上眼睛幾秒，摸著自己的脈搏，接著深呼吸幾次。

我知道我得離開辦公室，但我不想將注意力轉回到自己身上。

我的心臟持續快速跳著，呼吸深沉且用力，我試著要將呼吸放慢，但相反的事情發生了，我的心仍撲通快速跳著，好像快跳出胸膛。我的感官現在顯然在抖動。沉悶空氣益加沉重，讓我的喉頭緊繃，刺痛皮膚。我開始喘氣，一開始慢慢地，沒多久，我變得無法控制地喘氣。

這就是恐慌奇怪的地方，用來壓抑它的方法卻讓它變得更糟。恐慌生恐慌。擔心成為恐懼，而你開始想著是否處於更為黑暗的命運之中。在迷失又驚恐之中，你開始自問：我的心臟還能跳得更快嗎？它為什麼停不下來？我要死了嗎？我想了又想，但找不到答案。

然後，我被擊倒了。

我知道這就是潰堤。我碎步走下樓梯，匆忙跑到街上，後面跟著擔心我的同事們。一到室外，我在油亮的混凝土地上蹲著，頭埋在兩膝之間，用力呼吸。外面的世界似乎暫時離我而去。只有我與轟鳴的恐慌。

感到自己即將暈倒的那刻，我拿出手機撥打了緊急服務號碼。電話按鍵上方的大拇指顫抖著，時間好似有一世紀之久。然後，由於某些我無法描述的原因，我的身體逐漸恢復。我的心臟不再狂跳。我開始能說話了。

我跟旁邊圍觀的人說：「別擔心，我沒事。」

我不太好。我脆弱地顫抖著。在那可怕的時刻，完美主義對原本只是痛苦但並非改變人生的磨難，做出小題大作的反應。我因為艾蜜莉的事感受到的絕望與羞愧被放大至危機的程度。而我的情緒低落延長了壓力，讓焦慮像雪球般不斷在生活各方面增強。

在那次恐慌發作之後，我還經歷了許多次，現在仍偶爾會發作。我開始有各種奇怪、奇妙的症狀，像是喉頭緊繃、暈眩、心悸，以及耳朵嗡嗡作響，時至今日仍是揮之不去的提醒。我陷入憂鬱，狀態擺盪在短暫覺得還好的時期與漫長的無精打采、緊張與強烈疲憊感的時期。最糟的時候，沉重疲憊感使我無法動彈，所以我無法從床上起身，也無法專注進行像是校稿或回信等簡單的工作。

我視這些症狀為內在敵人。我認為真正的男人應該能夠冷靜下來，克服內在緊張。但是這並非事實。當我就是無法努力克服症狀，焦慮到無法面對，覺得全然絕望，好似我永遠不會再變成「正常」時，我尋求心理學專家的協助。她讓我知道我受到高度自我厭惡、羞愧與悲傷之苦，而完美主義將這些苦痛巧妙地掩蓋而更為嚴重化。

這樣的覺知不僅改變我看待最愛的缺點的方式，也促成我踏上做研究、寫書將完美主義的危險公諸於世的旅程中。

就我所知，若不是事實並非如此，其實我過得還好。但這就是問題所在，不是嗎？生命總帶來許多困難，有時候真的很痛苦。世界不在電視裡、機場廣告看板上或是社交軟體推播展示的極樂烏托邦。世界是很繁雜混亂、令人迷失方向的。金融系統本身的設計極不穩定、生活費飆升、衰退、自然災難、戰爭、傳染病突然出現，我們因此失去工作、我們傷了他人的心，他人也令我們傷心、身旁親近的人過世，而時間如箭無情地不停加速前進。

挫折、困難、失敗、錯誤、解雇、心碎、惡果，這些都是生活的一部分。我們做的每件事幾乎都會在某個時刻遇到難以克服的阻力。我們跟自己說：「這次不行，也許下次可以。」我們認知到無法控制風的方向與潮汐的節奏。我們在這個無法預測的世界裡，常常無故捲入糾紛之中，這就是命運，而命運無關乎個人。

即便如此，完美主義讓羞愧與命運的紛爭綁在一起，如同熾熱柏油加上冰冷混凝土。但願我們完美主義者能接受世界上發生之事大多並非我們能控制。倘若我們能平靜沉著地看待生命軌跡，會變得更健康。相反地，我們卻認為得要為發生在自己身上的壞事負責，將每次挫折針對自己，並更進一步證明自己有無可救藥的缺陷。

當壞事發生，多數情況下我們不會安慰自己。我們無法從以下的事實獲得慰藉：我們生活在一個不平衡社會，許多人出生就帶著劣勢，我們嘗試的事物剛好就失敗了，或是我們分心了，或是晚上睡不好，或是就像我們時常遇到的，把事情搞砸了。我們被欺騙、被忽視或遭到背叛時，卻不會疼惜自己。我們隱藏所有弱點，用盡可能的所有維持完美、開心、不露情緒地正向偽裝。我們以為凡殺不死你的，會讓你更強大。

從這個角度來看，完美主義很像在跑步機上以最高速奔跑。你氣喘吁吁，但因為大家都在看，你不知怎地從內心找到一步接著一步向前跑的力量。直到突然有人朝你丟了一條舊抹布，你因而絆倒，失去重心。你跌跌撞撞，試著找回重心，但沒有任何動作能幫忙你，因為離心力已經抓住你，準備把你甩出去。體驗過遭跑步機甩出去的人都知道這很痛，也都知道想要回去跑步機上，卻不先把它停住是非常愚蠢莽撞之舉。

然而接受失敗看在周遭人眼裡會是如何，這樣的恐懼吞噬了你，這就是完美主義者會做的事情，而這也是完美主義是各種心理健康問題的風險因素之故，不只是強迫性類型。

與尼采名言相反，完美主義者並不會遭遇艱困而變強，反而會因此變弱。完美主義者不斷受到打擊，若沒有接受治療，情況嚴重會傷害其自尊，使他們開始感到無助，而像我一樣的極端例子，則可能會感到絕望。難怪完美主義會帶來如此巨大的傷害。保羅跟我說：「有個假設是完美主義意味者更有適應力。但事實上，完美主義是適應力的相反，為反適應力。它會讓人極沒有安全感與自我意識，並且即便只是極小困難也容易受影響。如果不尋求幫助，這些脆弱很容易就會產生持續深植於心的巨大痛苦。」

第四章 我開始了自己無法完成的事情

或完美主義與表現之間的微妙關係

完美是人類的終極幻想。它不存在於宇宙中……如果你是個完美主義者，你不論做什麼，都注定是輸家。

美國精神病學家 大衛・伯恩斯（David Burns）[1]

到了深夜，酒吧露台上的喇叭傳來難以形容的轟隆動感電子音樂，啤酒開始發酵，讓我們變得很興奮。在時髦客人光臨拉菲提酒吧之前，我需要與保羅和戈登聊最後一個棘手主題。我想知道他們怎麼看待人們最喜愛的缺點裡最受歡迎的部分，也就是所謂的好的部分，那個讓你感覺你正在全力以赴，甚至超越自己極限的部分。完美主義的人可能會感到痛苦，但他們能把追求完美的需求轉化為做出偉大成就的動力嗎？

以薪資與資歷為單位粗淺衡量的成功，是完美主義圈子裡目前最具爭議性的話題。今日人們很難成功。你必須要犧牲自己，在痛苦中前行，即便如此，大多數人卻無法達到社會頂端，這是現代經濟零和戰爭的天性。我問保羅：「想在今日的世界成功，難道我們不需要一點完美主義嗎？」

他看起來對這問題感到疑惑，彷彿我還沒有理解他前面談的完美主義的嚴重性。我再問他：「讓我換個方式說，你的實驗室與其他實驗室獲得的資料，即完美主義者的深刻體驗，難道這些只是關於想要成功的必要之作為的警示故事嗎？」

雖然這是具爭議主題，但保羅不想提供模擬兩可的答案。他花了太多年的時間與受苦的完美主義者共事，因此完全無法抱持中立態度。在第一線執業的他完全無法理解為什麼有人對完美主義抱持正向、適應性或健康的看法。他跟我說：「我常聽人家說完美主義在這領域或那領域是不可或缺的要素，這些人會說『如果你追求完美，你會得到卓越』，或同樣主題但不同說法。」

他繼續說：「但這相當愚蠢，因為讓問題停在此處只是放過說這些話的人，他們散播完美主義最惡質的迷思，即完美主義是成功不可或缺的要件。」

保羅與戈登認為有人該為傳播完美主義迷思負責，即美國心理學家唐．漢馬伽克（Don Hamachek）。一九七八年，漢馬伽克為《心理學》（*Psychology*）期刊執筆，卻做了讓保羅與戈登這樣的研究人員感到耿耿於懷，充滿爭議性的事情。他的罪是？他是首位區分不健康與健康完美主義的知名思想家。

漢馬伽克表示不健康的完美主義是我們先前談過的那種完美主義，即是對完美不變的強迫性需求，只能完美。另一方面，健康的完美主義則不同。漢馬伽克寫道，這是種涉及「勤奮工作與竭盡全力」的完美主義。根據漢馬伽克，技巧精熟的藝術家、謹慎細心的工人或像我祖父一樣的工匠，都屬於健康完美主義者，因為他們為自己設定高目標，但不會陷入自我厭惡的深淵。他認為他們能從努力之中獲得滿足。[2]

除了保羅與戈登以外，還有許多完美主義學者對漢馬伽克的區分提出質疑。美國心理學家湯瑪斯·格林斯本（Thomas Greenspon）尤其覺得生氣。在一篇題目為〈健康完美主義是種矛盾修辭〉（*Healthy perfectionism is an oxymoron!*）的論文裡，格林斯本寫道，漢馬伽克的健康完美主義一點都不完美。他說：「正確、適當，比平均好，當然可以是最優秀的人，但絕非完美。」[3]

矯正心理學家艾許·派契特則更進一步。派契特在一九八四年《美國心理學家》（*American Psychologist*）上的一篇文章裡評論他形容完美主義時偏好不用「健康」這標籤。他認為完美主義是神經質者的有害特徵，與保羅和戈登的看法非常相近，是派契特「在提及某種精神病理學時」才會謹慎使用的詞彙。[4]

戈登跟我說：「完美主義文獻裡仍可見各種激烈意見分歧。某些實驗室主張完美主義者的驅力與顯而易見的野心能被視為是正向的，而像我們實驗室等則認為不是如此。」他繼續說：「如果你問我的話，格林斯本是對的，漢馬伽克的健康完美主義確實是矛盾修辭。努力獲得不可能獲得的東西是健康的相反，這只會讓嘗試者累積痛苦。」

就本質而言，此爭論核心可以濃縮成一套合乎邏輯的假設，這在我們這領域裡數十年來一直保持未定論。第一個假設是完美主義驅使我們在追求偉大事物上勤奮努力。如果此為真，第二個假設就會是完美主義必定讓我們更可能成功。研究人員努力了數十年，想要讓兩者達成一致。但他們卻發現情況複雜的程度，可能會令人感到驚訝。

完美主義是否具有正向性質是由來已久的爭論。但進入此議題之前，得先釐清一件事。當談到「正向」、「健康」或甚至「正常」完美主義，我們其實指稱的是自我導向完美主義，這類型顯然包括勤奮工作、工作時有毅力與願意投入時間等野心勃勃的特質，而非指稱社會期許完美主義與他人導向完美主義，沒有人認為這些特質在每個面向中都匹配。

許多論文指出自我導向完美主義與動機有相關。像是學校、運動與工作等不同領域裡，自我導向完美主義顯然是種強大驅動力，與高度工作倫理以及在最普通日常事物都能促成堅持不懈等相關。[5、6]甚至有深具說服力的證據顯示它能導致病態型努力，最知名的即是工作狂。[7]以我們對自我導向完美主義的認識與其包含的不鬆懈標準來說，這些發現也許不太令人感到驚訝，重要的是這些令人氣喘吁吁的努力是否能轉化為較佳的表現。

為了回答此問題，先從檢視學校表現的研究開始談起。當我一開始研究完美主義時，我對於其對高中生的影響極為感興趣，但當時有關完美主義與高中表現之間的相關性研究仍相當新穎，因此我很高興最近有一些實驗室開始對完美主義是否能預測學業成就進行嚴謹研究。不久之前，數個團體還發表了對此主題的綜合分析研究。

其中一項綜合分析研究將學生分成前段班與後段班兩種成績團體來研究。[8] 這裡的推論是如果比起後段班，在前段班的學生有較高程度的自我導向完美主義，這代表完美主義可能增進學業成績。但總結了十四項測試這些差異性的研究，並沒有發現增進學業成績的結果。自我導向完美主義與表現之間的變異數約是1％。實際上，這其實很微小，代表了即便知道學生具有高度的自我導向完美主義傾向，但幾乎沒辦法得知他們是否能進入前段班。

讓我們用不同的方法。相對於集合性研究將學生根據學業成就分群的方式，另一位研究者集合學生的完美主義與考試成績和學業成績平均點數等學業指標研究間的相關性。[9] 十一項研究指出，自我導向完美主義在學業成就上約有4％的變異數。

4％聽起來好像有什麼。而我想就數字差額來說，它確實富含意義。硬記型學習需要花上許多時間完成任務，像是背誦乘法表，或記住重要段落，因此可以說具有高度自我導向完美主義在這方面是有益的。但我們必須比較邊際效益與損失，而我們得到的是相當嚴重的心理健康問題傾向。

學校表現的證據正反兩極，那工作方面呢？完美主義確實對高強度、高壓的今日工作場域而言會帶來績效益處。最近一份綜合分析研究檢視完美主義與各種工作績效評量之間的相關性，評量指標包括生產力與產能數字。[10] 由於自我導向完美主義和社會期許完美主義與其他完美主義指標交錯糾結，因此很難解讀相關性。但綜觀十項研究，完美主義指標（包括自我導向完美主義）與工作表現之間的變異數為零，沒有，就是沒有。顯然自我導向完美主義絕對與工作成功沒有關聯。

這很令人費解。因為自我導向完美主義者投入的時間，像是熬夜工作和投注於細微任務的心力，會以為能讓他們更為成功。但事實並非如此。相反地，這些綜合分析的結果卻可能是成功悖論，即完美主義者為了成功所做之事，反而會讓成功的機會泡湯。換言之，完美主義者受盡苦難，但卻沒有實質受益。為了更了解這樣令人費解的事實，我去了趟加拿大拜訪派翠克．歌德荷（Patrick Gaudreau）教授。

時為二〇一八年初，我去渥太華大學（University of Ottawa）派翠克．歌德荷教授的實驗室演講。派翠克是位法裔加拿大籍心理學家，於渥太華大學研究完美主義。他很年輕，比起大多數的教授都還年輕許多。我會說他相當時髦，身材修長，臉龐黝黑，總是完美搭配了時尚眼鏡、流行襯衫、運動鞋與單品西裝外套。他說話帶著明顯的法裔加拿大人的口音，語氣果斷。

在他辦公室外的走廊，派翠克微笑著跟我打招呼。我們聊了一下後，前往我要演講的講堂。演講結束後，派翠克舉手，問我是否能解釋完美主義者無法將努力化為長期成功的理由。我回答說，這有許多原因，但主要可能是心理健康，像是情緒低落、憂鬱、焦慮等等，阻礙卓越表現的習慣。派翠克坐著，想著我的回答。他看起來有點遲疑但點了頭，而討論繼續轉向不同的題目。

演講完成之後，他帶我到位於市中心的巴黎藍帶廚藝學校用晚餐。我們坐下後，他轉回先前的談話。他跟我說已與幾位經濟學家聊過，談話結果讓他思考，是不是與邊際生產力遞減（diminishing marginal productivity）理論有關聯？他想到的是努力與表現之間的關係是一個反向U型，如同下頁圖表所示。

在派翠克的心裡，完美主義者就像過度施肥的作物。首次施予肥料時，作物會立即吸收化學成分，加速生長。然而在某段成長期之後，作物對額外肥料變得越來越沒有反應。之前還是幼苗時，能讓作物生長數英吋的肥料量，在準備收成之際，幾乎無法讓作物生長幾毫米。如果用更多肥料設法讓作物成長更多，結果將會讓作物中毒而枯萎。非但沒有加速成長，反而引起反效果。

派翠克認為人類的努力就像作物的成長，並非無限。你無法永遠持續向前進，到了某個時間點，就會遇到臨界點，超越此處，你將會使自己毀滅。最終，使表現加強的額外努力化為煙灰。而且倘若不停止，倘若無法認知到更多的努力不會導致更好的表現，那麼就會進入邊際報酬遞減區，於此更多的努力只會引起反效果。這即是完美主義者常處於的區域。

這是左右為難，進退維谷的情況。完美主義者是無可救藥的過度努力者，就是無法控制自己，他們反覆修補，用遠超出實際需要的方式重塑、重做事情。解釋時派翠克看了一眼開放式廚房，廚房裡的實習廚師們正忙碌卻協調地準備餐點。我們在世界上數一數二最優秀的廚藝學校，完美應該是廚師們被期待達到的標準。

他轉回視線看著我微笑。當然，完美是標準。「但是追求完美鮮奶油的廚師仍可能打發過頭，讓鮮奶油變成奶油。」

加拿大心理學家富夏・西洛伊斯（Fuschia Sirois）認同派翠克的想法。

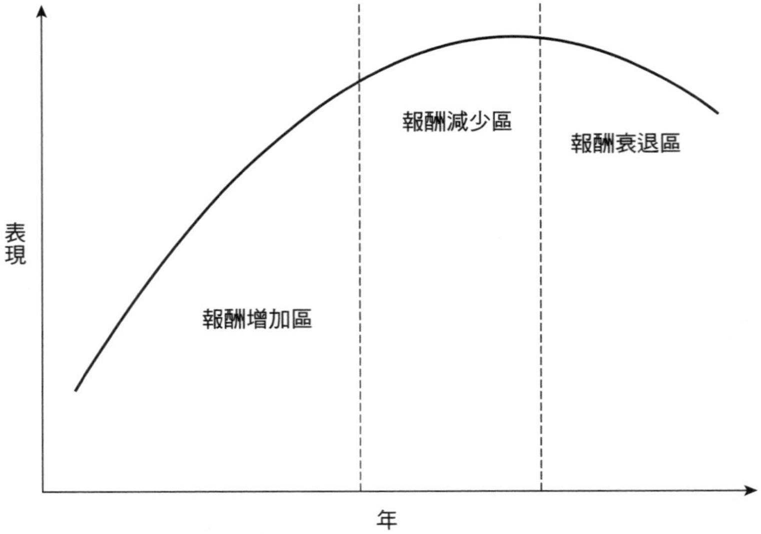

派翠克的報酬遞減理論圖表。取自歌德荷 (2019) [11]

她認為完美主義妨礙表現，不僅是因為氣喘吁吁的過度努力，同時也因為她稱之為令人疲憊不堪的自律。自律有點像心理能量。為了換取更多努力，而犧牲了補充行為像是運動、與朋友共度的美好時光，或有足夠的睡眠，這些讓人覺得有充分休息等活動，心理能量就會被消耗。無可避免的結果即是過勞，一種精疲力竭、憤世嫉俗與長期處於認知成就低的狀態等消耗症候群。研究顯示完美主義，尤其是社會期許完美主義，與過勞強烈相關。[12]

儘管努力不懈，完美主義者比起沒有完美主義傾向者並沒有比較成功，原因即是過勞。他們睡得不夠，無法彌補熬夜時光。他們該休息時卻在工作，該與朋友見面時卻在補進度。無效努力、很少在同等評量上獲得成功，困在派翠克所謂的報酬遞減與衰退的區間。這樣出乎意料的情況令人沮喪，也讓完美主義者更為質疑自我。過勞且又督促自己忍耐，他們必定很驚訝看到別人工作的時數更少而且休息更多，卻能完成相同的事。

夜晚將盡，我與派翠克的討論轉向其他更為健康的努力方式。他認為與其努力追求完美，我們不如追求卓越。派翠克說：「這只涉及追求卓越。達到『卓越』之後，追求卓越者成功完成目標。」[13]與完美主義者不同，專注於卓越者知道達到高標準的時候，接著放手不害怕事情做得不完美。

我喜歡派翠克的觀點。這聽起來很像我祖父這類健康、認真努力的人富有的特質。事實上，專注於卓越聽起來很像多年前唐・漢馬伽克誤認的「健康完美主義」。可是，當我聽著派翠克談論卓越，我心裡覺得某個地方不對勁，但卻不知是何處。我隔天想著前日的談話時，仍不甚清楚。直到我回到倫敦與一位臨床心理學家朋友艾咪見面時，一切才有頭緒。

我告訴她：「派翠克・歌德荷的研究顯示追求卓越而非完美的益處，似乎是不錯的發現。你覺得呢？」

她一邊漫不經心地挑著三明治一邊回答：「聽起來沒錯。但我在想是否追求卓越之後會有危險，像是轉回成完美主義？」

她突兀的語氣讓我覺得她對於此事抱持的強烈看法。

我說：「我在聽。」

「比起完美主義不退讓的堅持，能在事情達到卓越時放手是很好的。但我不確定這是否是長期的解決辦法。卓越仍是相當高的標竿，所有達到卓越的內在指令與壓力仍在那裏，只要我們做事不是如此卓越抑或只是平均水準，這就會激起焦慮。」

她說：「這樣說吧，倘若我要跟完美主義者說，努力追求卓越而非完美，我不確定對方會不會買帳。這是值得一試的好區分方式。我只是不確定這是不是解方。」

艾咪的反思讓我能正確思考原本混沌的想法。派翠克的研究清楚指出，只要重新調整目標，追求卓越而非完美，我們將會得到好表現，而不會有心理健康問題。[14]這樣很好，理論很完備，而且資料很健全。

然而一段時間之後會發生什麼事仍有待討論。在這個「總是不夠」的時代，總是有東西可以買，有證書能累積，有新的追求目標，賺更多的錢，努力追求卓越仍會驅使我們永遠持續向前進，並不計代價避免被認為倒退或停滯的污辱，兩者今日被視為一樣的東西。

追求卓越者能在事情達到足夠卓越之際，接著放手，這當然是非常健康的特徵。但是卓越仍是模糊的崇高目標，就如同所有模糊的崇高目標一樣，隨著每次成功又設下一個新的標準，卓越會變得越來越難達到。換言之，努力追求卓越無法解決的是失敗的困境。這讓我想到對完美主義者而言，為什麼要找到持續成功如此難以實現的更為重要的可能原因，即在某個時刻，當情況變得困難時，完美主義者會盡一切可能避免失敗的痛苦。因此讓我們檢視那害怕失敗的恐懼，如同我們所見，即是全面阻擋完美主義者朝向高效率表現的路障。

失敗是生命不可或缺的一部分。沒有它，生命將只是一場漫長的勝利巡遊，我們將不會特別覺得興奮刺激。運動迷深諳此道理，倘若支持隊伍或運動員沒有輸的可能性，那麼很少人會臨場去觀看比賽。

自行車競賽提供了也許是最愉快的失敗劇場。想想自行車環法國競賽，在最後山區段落，總是會上演一場美妙的獨角戲。在電視上，製作人將觀眾的目光完全集中於一群堅持到最後的頑固分子，這些人已經擺脫主車群，是爬坡段中的領先者。他們的雙腿疲勞又緊繃，沒了原本該是流暢的踏板轉圈，踩踏樣子顯得疲累不堪，肩膀左右晃動，雙腿艱難地轉動踏板，好像正設法穿越糖漿一般。

在集體痛苦中，總是會有名自行車選手從群體中悄悄竄出，比起其他選手，他較能調節體力，因此呼吸看起來控制得宜，肩膀穩固不移，雙腿流暢地轉動輪軸。離終點可能只剩一公里，突然間，他起身離開坐墊，轉動自行車輪軸，盡可能用力踩踏踏板衝刺。

對於其他精疲力竭的競爭者來說，看到這一幕上演真是難過。他們齜牙咧嘴表現出強烈受傷的情緒，勇敢地嘗試跟隨已遠去的領頭羊，但心裡深知，要不是他們的雙腿很努力，競賽早就結束了。離終點還有一百公尺，雙手已布滿水泡，小腿因為乳酸過多而抽筋，而他們得坐在坐墊上，眼巴巴地看著贏家跨越終點線，迎向喧鬧掌聲。勇敢的輸家一個接著一個在興高采烈的贏家身後抵達，他們的頭低垂，疲勞因苦澀失望而加劇。

成功很甜美，但失敗能美妙地揭露身而為人的意義。這也是當我們在研究完美主義時，想要看到完美主義者遭遇失敗時會如何的原因。我們為他們設下不可能達到的目標，製造不可能勝利的比賽，仔細檢視當他們失敗時的反應。[15]

英國心理學家安德魯．希爾（Andrew Hill）為此項研究的先驅。為了得到最大效果，他運用運動的痛苦力量。在一項研究中，安德魯設計一項自行車比賽，邀請志願騎自行車的人四人一組相互競賽。[16]騎完之後，不論結果如何，他都跟受試者說他們是最後一名。

換言之，他們輸得很慘。

之後，安德魯詢問受試者的感受。所有人都回說，現在的自己比起剛踏進實驗室前有較高的愧疚感與羞恥感。畢竟，他們剛才嘗到慘敗。但有最高度自我導向完美主義與社會期許完美主義者說，他們感受的愧疚感與羞恥感有大幅上揚。

我們在前一章提到完美主義傾向者對於挫敗很敏感。他們的自我價值仰賴努力的結果，因此失敗後，自然感到強烈的侷促不安。完美主義者失敗時還會做另一件事情，某件對他們的心理健康很重要，也對表現很重要的事情——即他們日後就不再努力。

因為沒有嘗試，就沒有失敗。

在另一項研究中，安德魯試圖梳理出微妙的自我設限（self-handicapping）方式。[17]他再次設計了自行車挑戰，只是這次受試者是與自己競賽。接受完假的體適能測驗之後，他為受試者設定在一段時間內應該能舒適騎乘的距離目標。受試者為了達成目標全力以赴，當測試完之後，安德魯跟他們宣布沒有達到目標的壞消息。

他接著做了件調皮的事情。他請受試者再試一次這注定失敗的測驗，而這時神奇的事情發生了。有低度自我導向完美主義的人說，他們第二次嘗試時投入的努力與第一次一樣多。其實，他們會說還比前次更努力一點。然而，有高度自我導向完美主義者則做了相反的事。他們停止嘗試。在第一次失敗後的第二次嘗試時，他們的努力程度陡降。這樣的差異中的差異稱為交互作用（interaction effect），我在下一頁的圖表裡，畫出了安德魯研究裡兩次實驗的平均努力數值。

這樣的不付出努力是所謂的完美主義式自我保護（self-preservation）。如同前面所提到，高度完美主義者為了達到過高的標準而極度努力。但從許多方面來說，這只是一半的故事。因為當情況變艱難，強烈的擔憂使得完美主義者不願再付出任何可能陷入失敗的努力。所以為了讓他人更難以察覺他們的缺點，當面對最終可能會失敗的挑戰時，會不願再次嘗試。

但真實生活不像安德魯的實驗。停止付出完成任務所需的努力會有代價。任務有期限，還得要討老闆的歡心。完美主義者知道做事力求完美要花上非常多的心力與勞力，我們一想到此就頭痛。但因為我們無法藉由停止努力來逃避傷害，就像安德魯實驗的受試者一般，所以我們退而求其次，進行拖延。

拖延常被視為是時間管理問題。但事實上，它是種焦慮管理問題。富夏．西洛伊斯也研究拖延心態，她的研究顯示完美主義者不願意直接面對困難任務，而是猶豫躊躇，查看社群媒體，上網購物，追網飛上的戲劇，或是嘗試抖音上最新的食譜，做任何事情來避免做

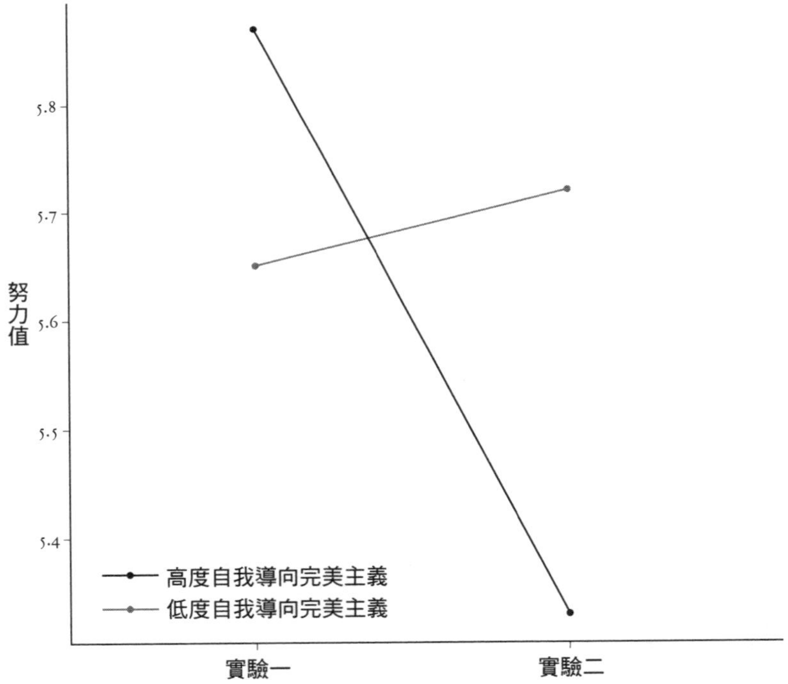

出自安德魯等人研究的高度與低度自我導向完美主義的努力數值結果（2010）

那件需要做的事情。[18]當下將大腦關掉而獲得的解脫使人得到安慰並感到平靜，如同西洛伊斯所注意到，當我們看完五季的最新影集，工作還在那裡，就在我們留下的原處。

拖延完全無法幫上忙，反而只會使完美主義者的焦慮加劇。隱於身後的工作不斷增加。隨著額外未完成章節、未讀電子郵件，或是還沒寫完的報告數量增加，需要更多努力才能跟上積壓的工作量。我們使自己分心、東摸西摸、閒晃、反覆重做，費盡極大的努力就是為了推延回覆憤怒的電子郵件、開始大案子或是交出低於標準的工作成果。換言之，完美主義者使用拖延當作在掙扎、挑戰與失敗中存活，而不受到本來無可避免的情緒性傷害的方式。然而最終，他們只會受到時間推移的傷害。

不論是完全不努力，或只是拖延等自我設限方式，這都是完美主義者難以發揮的原因。他們是沒有效率的過度努力者，常常把自己逼到過勞的程度。而且他們也是沒效率的分配者，將過多的努力分配在成功性較低的具挑戰性工作，卻忽略成功性較高的簡單工作。在需要及時創新的知識經濟裡，那樣的資源分配卻讓完美主義者與現代生產與服務設計的方式非常不相容。

這還不是全部。完美主義者不僅預期失敗，而且盡可能做能抵銷羞愧感的事情。他們也同樣熱切期待他人的拒絕，避免讓自己身陷可能得接受嚴厲評判的棘手社會情境。結果就是幾乎完全迴避非強制出席的會議、談話、工作面試等等的場合，他們預測自己將受到評估，而情況很可能是不利的。這是種自我挫敗行為，因為這代表完美主義者非常不可能申請高階工作，或提出像是升遷或加薪等要求。[19]

然而完美主義不是我們常認為的成功祕訣，其中還有更多原因。

回到一開始的僵局。完美主義是否驅策我們努力工作呢？倘若真的如此，那麼努力工作值得的證據是什麼呢？我們剛才得到兩則能幫助回答以上問題的資訊。第一，完美主義者的確努力工作，但就是太努力了，他們極度沒效率，無法適當分配資源，讓他們極易受到疲倦不堪與過勞之苦。第二，雖然努力工作的確是完美主義者的特點，但不代表他們總在工作。當情況變艱難，他們傾向避免真正需要做的事情，直到時間流逝逼得他們得要動作。沒效率的過度工作與逃避，這兩項行為加在一起，創造出完美主義者不太可能成功的成功悖論。

那為什麼我們仍相信成功完美主義者的迷思?答案即為倖存者偏差（survivor bias）。

倖存者偏差是種從人生贏家身上學習的認知錯誤。就許多方面來說，我自己也犯了同樣的錯誤。我在本書一開始探索了幾位人生贏家的經歷，像是洛瓦托、賈伯斯與彭德爾頓。我這樣做是因為這些人都是備受關注的人物，在他們爬到高點的途中，展現出聰穎、勇敢、魄力，當然還有高度完美主義。然而其他許多展現同樣特點的人，同樣堅持努力不懈，只是不在聚光燈下，沒得到葛萊美獎、龐大個人財富以及能炫耀的奧運獎牌。由於以上這些完美主義者的經歷隱而不見，所以那些「成功」完美主義者的經歷誤導我們作出完美主義必定是成功祕訣的結論。

我們必須小心這樣的選擇偏差。因為當所見皆為贏家，我們無可避免地會將高標表現與完美主義連結在一起。倖存者偏差欺騙了漢馬伽克，也欺騙了整個社會裡的所有人，讓我們誤將完美主義視為鍍金圭臬，稱之為我們最愛的缺點。

這代表如果要一舉打破成功完美主義人士的迷思，得要從保羅與戈登的角度來審視之。與其仰望完美主義者中的少數人——這些人的環境、生理條件，聰明或是純粹是好運驅策他們登上頂峰，我們必須要審視那些沒有達到耀人頂端的大多數完美主義者。根據安德魯．希爾所言，當我們這樣做時，會看到相當不同的景象。完美主義者過度努力到幾近過勞的情況，同時也用盡所有力量，包括全面放棄努力，以避免幾乎注定的失敗所帶來無法承受的羞愧感。

這不是成功的入場券。反之，完美主義阻礙成功，同時也帶來大量痛苦與自我懷疑。對完美主義者的成功悖論之解方不在放鬆一點，去追求卓越，而是學習擁抱必然遭遇的挫折、失敗與事情不如預期的情況。並且能舒服地陪伴在這些人類經歷的身邊，體驗事情，而不需要以卓越的救贖情節改造，也不需努力除去，後者在本書最後章節會再討論。

就現在而言，讓我們繼續審視對完美主義的迷戀。倘若它無法讓我們更健康、更成功，那為什麼我們會覺得完美主義空前未見的普及呢？我們這樣想是對的嗎？

第五章　隱藏的流行病

或現代社會中完美主義的驚人崛起

完美主義高度普及與心理問題相關，並已成為全球問題，尤其在年輕人之中更是如此。

戈登・佛列特和保羅・休伊特[1]

隨著夜晚將盡，在拉菲提酒吧的聚會也接近尾聲之前，我想了解保羅與戈登對今日文化的看法。從他們剛開始研究至今，當代社會已改變許多。學校與大學的競爭益加激烈，大尺寸電視、平板與智慧型手機不分日夜，二十四小時投射不切實際的理想，而社群媒體上修圖過的完美影像無所不在，佔去了我們清醒時間的四分之一。[2]

前幾章討論了完美主義帶來的傷害，以及它與表現之間令人費解的關係。但我在思考它的盛行情況。這兩位是否認為完美主義變得更嚴重了？我問保羅：「你在臨床上是否見到更多案例呢？」

保羅直視我，回答：「我從未曾這麼忙碌過，與我共事的心理治療師們也是如此。完美主義隨處可見。」

戈登更進一步說：「年輕人充滿許多焦慮、擔憂與壓力。我們正深陷完美主義流行病之中。」說完，他看了眼保羅，繼續說：「你無法將難以應付的壓力當成主要肇因。」

與年輕人相處過的人必定會同意戈登所言。全國教育協會（National Education Association）稱這壓力是種「流行病」[3]，兒童心理治療師學會（Association of Child Psychotherapists）稱之為「沉默的大災難」[4]，而英國皇家精神科醫學院（Royal College of Psychiatrists）稱之為「危機」。[5]一份二〇一七年調查多倫多地區約兩萬五千名小學與中學生的問卷，詢問他們是否感到需要追求完美，[6]超過50%的人說會，這已經很糟了。然而

34%的小學生與48%的中學生更進一步說，他們感到得用盡一切方法維持外貌完美的明確壓力。

一份二〇一六年由英國女童軍（Girlguiding UK）委託調查的報告發現類似的趨勢。[7]在報告資料中，年齡介於十一歲至十六歲的女孩中有46%，以及年齡介於十七歲至二十一歲之間的女孩中有61%，認為需要追求完美。五年前，在一份二〇一一年的報告裡，這兩個年齡層的調查結果分別只有26%與32%的完美需求，兩者增長幅度分別為77%與16 5%。保羅與戈登最近製作了一份文獻回顧，估計約有三分之一的孩童與青少年目前都有高度完美主義。[8]當然不是每位年輕人都覺得有追求完美的需求，但現有足夠的資料讓人想知道到底發生了什麼事情。

保羅跟我說：「雪崩已經發生了。我們得要花一些時間處理它。」就在這陰鬱的氛圍當中，我們結束了當晚的聚會。我已了解得夠多，除此之外，圍繞在我們椅子四周的時髦年輕人都希望三位眼睛疲憊不堪的教授們能讓他們回家。我們互道再見，而我看著保羅與戈登前去搭火車回家，消失在多倫多的夜裡。

那夜之後，我沒再與保羅與戈登見面，但我們的談話仍留存我心。每日我的雙眼所見與雙耳所聞，都證實了他們警告的流行病。它出現在大學裡的走廊上、同事間的閒談中，和朋友們所刊登的與真實生活差異甚大、小心揀選的社群媒體貼文裡。二〇一七年冬天，我為自己設下一項挑戰。我想知道保羅與戈登所言是否為真。我想知道完美主義是否真是他們所認為的轟隆隆雪崩。

這是件困難的任務，我將保羅與戈登的「完美主義多重面向量表」以稍微不同的方式運用才能達成。從八十年代開始發展，這項工具被用在數以千計的研究計畫裡，這些計畫的研究對象大都是美國、加拿大與英國的大學生。我沒有利用珍貴資料研究人際關係，如同這工具原本設計的目的，而是將當其當作歷史追蹤指標，比較各世代的年輕人，並找出隨著時間的推移，他們是否有較高或較低程度的完美主義。

困難的部分在於檢索那許許多多的回應。因此我說服我的同事安德魯·希爾協助我，這位同事在前章節提到過。我們兩個分攤工作量，開始仔細搜索資料庫、搜尋引擎與資源庫，找尋每筆報告大學生自我導向、社會期許與他人導向完美主義研究的數據。我們完成時，已搜索了超過四萬筆於一九八九年到二〇一六年間美國、加拿大和英國學生填寫保羅與戈登創造的量表資料中所擷取的資訊。[9]我們開始將資料依照時間先後排列，進行初步檢核，進行運算。

結果很驚人：完美主義正在上升，而且速度非常、非常快。

一九八九年時，年輕人平均回覆高程度到非常高程度的自我導向完美主義與他人導向完美主義（大多數人些許同意或同意此描述），其社會期許完美主義的程度是中等到低度（大多數人不是同意，就是不同意此描述）。就個人期待來說，這樣的情況並不是最健康的，但對於社會期許完美主義來說，好消息是年輕人顯然認為身上背負的期待與壓力並不是特別高。

到了二〇一六年之際，情況驟然改變。自我導向與他人導向完美主義持續緩慢上升，這已經很糟糕了。然而，社會期許完美主義的趨勢卻讓人憂心。趨勢從一九八九年低度到中等程度上升到二〇一六年的中等到高度。推算未來的增加趨勢能讓我們了解接下來的走向。到了二〇五〇年時，根據我們測試的模型，自我導向完美主義將會踏入非常高的區間

（大多數人同意此描述），而社會期許完美主義則會超過高的界限（大多數人些許同意或同意此描述）。

這意味著麻煩，不僅是對現在而言，對未來也是。與相近的神經質與自戀特質不同的是完美主義不會隨著人的年齡漸長而自行消失。事實上，有證據顯示反而會更嚴重。一項大型綜合分析研究中將數十項追蹤研究對象數年，甚至是數十年的小型研究進行分析總結，研究人員發現一開始即有高度完美主義者，年紀漸長變得越容易有焦慮與暴躁的傾向，而較少有認真盡責傾向。[10]

完美主義是種只會隨著時間惡化的自我實現預言。它的運作方式如下：當完美主義者未能達到自己設下的過高標準，他們會產生認為自己基本上就是不夠好的想法。接著他們會設下更高的標準來補償，認為這樣超越先前的努力能就某方面來說抹去先前的失敗。但因為他們一開始的標準就過高了，導致必定會失敗的命運，於是開啟永遠無法達到的上升期待迴路，為越年長越惡化的完美主義奠下基礎。

現在的問題是這些趨勢是否延續。完美主義是否持續向上攀升？抑或是漸漸從高點向下降？為了回答以上問題，我將最新的完美主義資料加入我與安德魯測試的模型中。當我重新檢視數據，結果甚至更令人不安。

自我導向與他人導向完美主義──持續上升，上升步調保持穩定，因此得密切關注

次頁的圖表中，我繪製出年輕人完美主義積分與其資料來源的年度的關係圖。黑色點代表美國數據，淡灰色點為加拿大數據，而深灰色點則是英國數據。數據點的大小按照每項研究裡的學生人數比例繪成（學生越多，數據點越大），而完美主義與時間的最佳適配線（best fitting line）穿越其中。

仔細看最佳適配線，會看到自我導向與他人導向完美主義的增幅雖是漸進，但仍是值得注意。值得注意代表有統計顯著意義，換言之，其增幅對於零結果（null finding）來說，即完全沒有增加，是能夠察覺到的。我們知道完全沒增加是不太可能的，因為模型的誤差

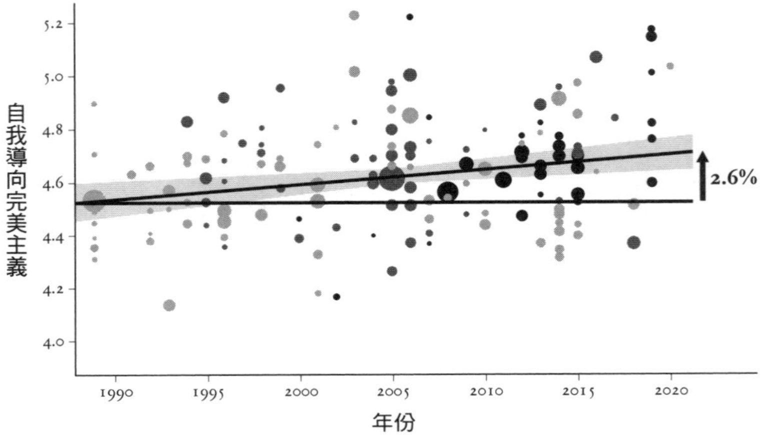

以年度收集資料為橫軸，大學生自我導向完美主義的分數為縱軸所繪成

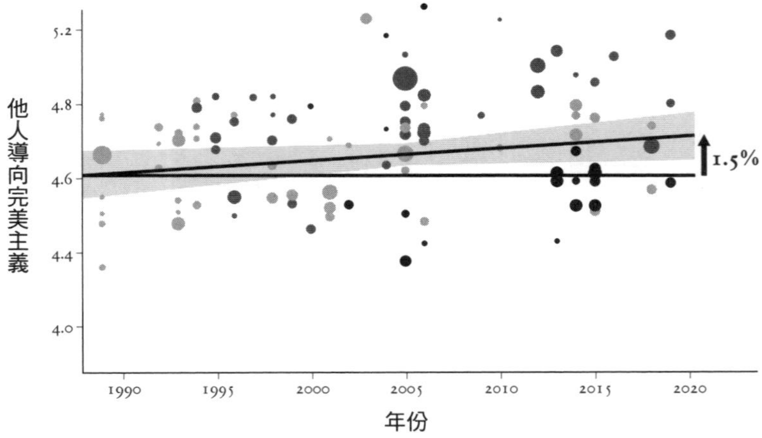

以年度收集資料為橫軸，大學生他人導向完美主義的分數為縱軸所繪成

範圍，即趨勢線的兩側灰色底色區域，並沒有越過如果都沒改變會出現的趨勢水平直線。

而增加的程度與一九八九年的年輕人相比，今日年輕人的自我導向完美主義約增加了2.6%，他人導向完美主義則增加了1.5%。增幅看起來很少，但我們必須記得這邊談的範圍是集中於一個狹窄區間（例如，1為強烈不同意，7為強烈同意）。即便是顯著差異也看起來相當微小。

我們先不要使用粗略的百分比來看，而是看今日一般的年輕人倘若在一九八九年填寫這份自我導向與他人導向完美主義的調查，他們的分數會落在何處。如果我們這樣提問，會更了解今日年輕人與一九八〇年代末期的年輕人的差異性有多大。今日，平均年輕人的自我與他人導向完美主義分數，在一九八九年的分數來看，分別排於百分位數的第五十六與第五十七位，分別增加了12%與14%。雖然差異不算巨大，但也並非微小。

社會期許完美主義——

持續上升，但現在更是加速向上攀升，因此該是為此感到恐慌的時候了。

那麼社會期許完美主義呢？嗯，如果我跟你說，上升趨勢實在太陡峭，我得在再次分析時調整平直假設線，才能描繪上升趨勢線，這應該能提供線索。平直假設線基本上說明，某事物以穩定速度變化中，這對自我導向與他人導向完美主義是如此，但對社會期許完美主義，情況卻不同。現下社會期許完美主義正以指數型軌跡攀升，線條隨著上升速度加速而隨之彎曲。

如同左圖所示，社會期許完美主義的趨勢幾乎為水平，直到二〇〇五年。某件事發生了，趨勢開始攀升。從線條軌跡底部到頂部，今日的社會期許完美主義粗估約升高7%。以對比方式來看，差異性就更大了。今日典型的年輕人以一九八九年的數據來看，其社會期許完美主義的分數會排在百分位數的第七十位，這是40%的嚇人增長。

更糟的是增加速率仍持續彎曲。如果放任不管，根據其邏輯，會持續向上彎曲，比我們期待的還快上許多。這即是指數型成長運作的方式，一開始緩慢，接著變快速。關注Covid-19案例資料的人會知道這樣的增長速率，他們也知道一旦趨勢開始彎曲，就到了該恐慌的時間。在這些預測之上，社會期許完美主義到了二〇五〇年將突破非常高的臨界點，超越自我導向完美主義，成為領先的完美主義指標。

我們最不希望看到的，即是社會期許完美主義快速上升。我在第三章裡提到此類型格外突出，是各類完美主義之中的最極端形式，極端是因為它包含一

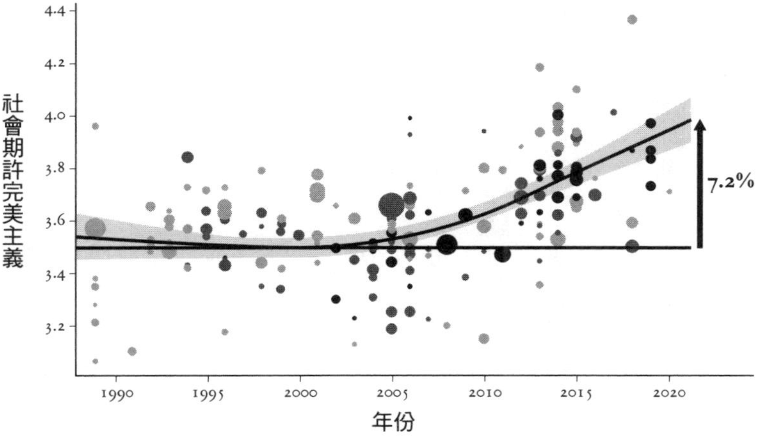

以年度收集資料為橫軸，大學生社會期許完美主義的分數為縱軸所繪成

套迫使人得要以公眾認可的方式，維持完美的有害信念。具有高度社會期許完美主義的人每日都得面臨不可能達成的期待，而通常每當他們的不完美遭到揭露時，他們會感到完全無所遁形與挫敗，感到困在一種總是公開展示的生活中，思考著他人正在做的判斷。

在第三章也提及社會期許完美主義是導致很多各種精神問題的因素。那些問題的主要徵兆，像是焦慮症、重度憂鬱症、寂寞、自我傷害與自殺念頭，緊密同步攀升。[11]我們真的困在完美主義陷阱的掌握中，這並非好消息。

保羅與戈登的研究是開創性的，所以我描述了我們相處的時光。[12]就像他們一樣，我也認為完美主義最好被理解為一種關係特質，以不足為基礎，讓人總是忙於想著自己在他人眼中必定看起來多麼不足。若是以此方面來看，保羅與戈登的理論並非創新，但沒有任何架構的深度能與他們的相提並論，也沒有任何架構能比他們的理論更經得起觀察、經驗和時間的試煉。

這些年來，他們許多的真知灼見以某種方式進入廣受歡迎的心理勵志書籍裡，有時沒有註明出處，他們也不在意，因為他們的使命從來就不是為了名聲。在那熱鬧的夜晚，我在拉菲提酒吧的露台上，從兩位男子無私致力於了解那些快速成為重要公共衛生問題的經驗上學到很多。如果想處理正在發生的事情，得要聽從他們的建言。

因為如果這樣做，我們會得知幾項重要事實。首先，完美主義是種有許多面向的關係特徵。第二，完美主義導致許多心理健康問題。第三，完美主義與成功並不相關。第四，完美主義現正迅速攀升。最後一項事實增添的資訊實為好壞各半。令人安心的好消息是我能從資料庫驗證現在所見、所聞與所推測的理論，但壞消息是社會期許完美主義的指數攀升代表比起我們最深的恐懼，成為完美的壓力將如同瀑布般傾瀉地更深遠與更加快速。

大量頻繁出現的社會期許完美主義的確告訴我們，我們居住的社會環境出了問題。基本上，這告訴我們社會期待遠超出大多數人能達到的標準。而由於這些期待耗人心神，最後造成人們被埋在將人們最喜愛的缺點正常化的傳統智慧重擔之下。光天化日之下，完美主義在人們眼前以無所不在的方式偽裝成今日隱藏的流行病，造成當代社會裡即將成年的人陷入各種混亂顯眼的脆弱性。

所有一切指向一個問題：為什麼會發生？追求完美的壓力從何而來？我們到底怎樣讓完美主義成為現代生活的主旋律呢？

PART 3
完美主義的起源

第六章　有些人的完美主義比較強烈

或完美主義發展的複雜本質與教養

人類人格建立在生物基礎之上，以社會標準的觀點來說，具有龐雜多樣化的潛力。

美國人類學家　瑪格麗特・米德（Margaret Mead）[1]

我永遠忘不了我與安德魯・希爾發表完美主義正在攀升的論文後的那個早上。我是英國西南部區域大學裡的運動心理學講師，我很驚訝地得知我們的研究被數百家國家與國際媒體引用報導、知名部落客撰文評論，還有極具影響力的新聞主播和播客評析。數日內，我粉妝登場出現在電視與廣播節目上，在數百萬觀眾與聽眾面前討論完美主義流行的可能影響。當熱潮終於平靜下來，我們發表在《心理學公報》（*Psychological Bulletin*）上的論文，是該學術期刊在過往一百一十三年以來最廣為報導的研究。

我所任職大學的媒體主任跟我說：「我從沒見過這樣的事，我們很久沒有這麼大的新聞，這可能是前所未見的新聞。」我完全沒有預料到有這麼多人感興趣。我對這段時期的生活很感到模糊，記不得我所說的話，也不知道所說是否能讓人稍微聽懂。但是我確實記得攀升的完美主義顯然觸及我談話的對象的痛處。很多人跟我說，他們忽然頓悟並指著資料說：「這就是問題所在，就是完美主義。」

如果我們的論文揭露一種正在醞釀的流行病，大眾的反應驗證了它的存在。現今人們在各處都能見到完美主義，他們感受到成為完美的壓力，而且想知道原因為何。這也是任職於TED的雪柔和我聯繫的原因。我突然成為一名「思想領袖」，這是TED稱呼受邀講者的方式，她希望我能在棕櫚泉舉辦的TED會議上回應這迫切問題。

我只記得棕櫚泉城市的活力。但是什麼活力呢？這是非常空靈飄渺之地，有背後襯著聖哈辛托山（San Jacinto Mountains）逐漸消失的沙漠。此處的暴發戶氛圍濃厚，從紅土路上鑿出新鋪設的道路，一堆進駐乾燥沙地的昂貴度假村與青蔥鬱鬱的高爾夫球場。

舉辦TED會議的度假村坐落於城市南部隱身於稱為拉金塔（La Quinta）的度假勝地。我抵達時，看到魅力亮眼的二十多歲年輕人與郊區銀髮人士拉著發出噹啷聲的行李箱群聚在報到處櫃台。他們搭乘每十分鐘一班的私人出租休旅車前來。

來自較樸實之地的人很容易將發生的事情當作發生在另一個不同的世界。我站在大門入口，看著渡假村的生活，眼睛所見的夢幻之地皆細心修整至完美，一大群園丁無微不至地維護度假村各處。人們進進出出，富裕的聲音相當尖銳，特權語言隨著沙漠微風飄散。

我的教養影響我的一件事是我在這樣的環境裡感到相當不自在，所以我不常流連於富人與名人常出現的度假勝地。即便如此，我的行業讓我有機會突然闖進這樣的地方，因此有機會體驗「美好生活」。每次的體驗都只讓我感到不知所措，格格不入，好似費力追求達到這樣的生活一點都不值得，好似我一點都不該追求那神祕理想。

雪柔在度假村門口面帶微笑迎接我，帶我前往稍後將進行演講的會場。這樣的大場面讓我很緊張。舞台工作人員、攝影師與音效工程師有條不紊地忙進忙出。我們在樓座上看著他們，我問她：「會議有多少人報名參加呢？」

她回答：「大概四百人，而在線上的有數千人。」

我突然提高聲量回應：「好多人喔」，感到我的臉漲紅了。

隔日，我離開別墅，漫步走到開幕典禮會場。一位年約四十歲，有著短棕色頭髮，穿著極為合身的深藍色夾克與熨燙整齊褲子的精瘦男子正對著觀眾致詞。我不知道他是誰，到現在仍不清楚，但TED付給他一大筆錢請他為會議開場。在那氣勢非凡的舞台上，他舉手投足散發著無可匹敵的氣息與泰然自若的樣貌，完全不受燈光、攝影機與大批觀眾的影響。他的演講巧妙、有趣又好笑，但又帶著剛好的認真，最後的精采高潮使在場的每個人，包括我，起立熱烈鼓掌。

我想著他怎麼這麼厲害，也想著比起來自己的言談將會是多麼平庸。

我的演講被排在最後一天的最後場次，所以我能夠看到各場次演講的高低起伏。沒有任何演講有跟開場主持人一樣的魅力，這讓人鬆了口氣。有些講者很有自信，但顯然是新手，其他講者有些經驗，但演講節奏有點快，還有像我一樣的完美主義者，在拉金塔聚光燈底下陷入過度思考的境況。

像這樣的會議持續進行，你會開始注意到某些事情。這些事情雖然微妙，但仍然透露了一些訊息。例如觀眾們偏好生動有趣的軼聞而非生硬數據，而人性化體驗會引來熱烈歡呼。有趣的是雖然具開創性、複雜卻有啟發性的演講很受人喜愛，然而強大的個人經歷才能贏得最終的滿堂喝采。

我忽然了解到關於觀眾的一件事情。就我所理解，觀眾以微妙方式讓講者知道他們真實的想法。令人驚嘆的演講受到觀眾起立熱烈鼓掌。較為乏味的主題受到觀眾坐著禮貌地鼓掌。在講者休息室裡，觀眾反應是相當熱門的討論主題。講者互相問對方：「你認為你會得到起立熱烈鼓掌嗎？」我過於全神貫注於腦中想的事情，無法參與那樣的閒聊，但內心深處我也問自己同樣的問題。

在我前面的講者離開了講台，座無虛席的演講廳內，觀眾們無聲靜待。輪到我了，雪柔隨即進來用典型美國式無盡熱誠，帶著甜美又有點過度熱心的鼓勵話語催促我上台。

她咧嘴笑著說：「你可以的。」

我不認為我可以。

我小心翼翼地走出去，雙眼盯著正對著我掛在樓座上方支架上的刺眼白燈座，然後才走到有名的ＴＥＤ紅色圈子中間就定位。

我已經練習了無數次，仔細研究其他演講，微調自己的演講風格。然而，當下我望向面前盯著自己的無數臉龐，所有的準備似乎從腦中消失。雖然ＴＥＤ製作團隊已將此段落剪掉了，但仔細看會看到我的右腳像忘記關上的水管一樣晃動，仔細聽會聽到我的聲音分岔破音，因為我正努力在腦中搜索講稿內容，一句又一句，一句又一句。我在心裡怕到發抖。我不知道怎樣做到的，但我挺過完成了演講。

當我說出最後一句，我直接看著觀眾。我渴望他們起立熱烈鼓掌。我需要它。數秒鐘過去了。觀眾仍舊坐著，禮貌性地鼓掌。又過了數秒，我非常希望觀眾能站起來，但他們就沒有這樣做。我帶著沉甸甸挫敗的心情，轉身離開舞台，雪柔陪著我回到休息室。

她眉開眼笑地說：「講得真好！」

我說：「謝謝。」

我為了出席棕櫚泉的會議，努力克服我的完美主義。我固執地拒絕讓緊張擊敗我，接著在可能是我曾演講過的最多人的場次上，覆誦十五分鐘的逐字稿。但是儘管有這些勇敢作為，請猜TED演講的哪個部分，我會在幾小時、幾日後、幾周後與幾月後，還不斷回想審視的呢？

我是不是注定就會這樣感覺呢？還是我的完美主義是受到我生長的環境教養而成呢？這些都是由來已久的問題，不只是對完美主義，而是對更普遍的人格特徵。這些特徵是天性帶來，即我們生命初始經遺傳獲得的裝備嗎？還是這些是教養而成，即我們經歷各種境遇的結果嗎？

天性的例子相當清楚。過去三十多年以來，行為遺傳學家研究同卵雙胞胎、異卵雙胞胎與領養手足。同卵雙胞胎有相同的DNA，異卵雙胞胎約有一半相同的DNA，領養的手足則完全沒有。如果比較這些不同種的孩子其人格相似度，就能由此估算基因佔據的比例，而結果出現顯著吻合結論。同卵雙胞胎比起異卵雙胞胎更為相似，異卵雙胞胎比起領養手足更為相近。仔細計算數字後發現，基因遺傳率確實非常高。我們幾乎有一半的東西都源自預先注定的遺傳，無法控制與改變。[2]

不久之前，西班牙的研究員將保羅與戈登的「完美主義多重面向量表」給住在瓦倫西亞的六百多對青春期雙胞胎填寫。[3]從這些樣本裡，研究員估計約有30％的自我導向完美主義源自遺傳。社會期許完美主義的數字稍微高一點，約有40％。透過可見的基因之手，具有完美主義傾向的父母顯然將一定程度的完美主義傳給下一代。

西班牙研究也發現自我導向完美主義與社會期許完美主義有極高的基因相關性。因此，倘若你出生即有自我導向完美主義的傾向，你很可能得在社會期許完美主義中掙扎（而反之亦然）。基因有任意性，像生命的動態樂透。即便並非我們的過失，我們生來注定有某些自我導向與社會期許完美主義。

然而，需要注意的是DNA也並非預先確定的劇本。它是操作指南，而一種稱為表觀遺傳學（epigenetics）的分子分化過程，會根據我們出生環境揀選加強指南中的某些部分。一種稱為甲基（methyl）的分子是表觀遺傳學中尤其重要的特點。這種分子會按照像是飢荒、急性壓力與創傷等情況，使某部分DNA停止反應，導致細胞結構與作用的改變。

這對完美主義的遺傳率來說很重要。表觀遺傳修飾會代代相傳，因此我們的祖先可能經歷過的任何有利於完美主義的條件都可能（至少部分地）保留在我們今天的基因中。許多完美主義是透過遺傳而來，但我們不知道遺傳率有多少源自古老DNA，以及多少源自近代的表觀遺傳修飾。

還要考慮另一件與環境相關的事情。儘管遺傳估計能解釋人們會什麼彼此不同，但並沒有解釋平均值。這代表基因能解釋我為什麼比你還具有完美主義傾向，但無法解釋為什麼**每個人**的完美主義平均值都在增加一事。我的研究對此面向來說很重要，因為我的研究不只顯示完美主義的平均值正在攀升，也顯示出生後身處的環境條件必定對完美主義的發展來說有影響，而且必定是非常重要的影響。

所以，如果環境條件很重要，完美主義到底是如何養成的呢？最明顯的答案是我們父母做的事情，但這不一定是正確的答案。

一九六〇年有一位前途無量的發展心理學家茱蒂・哈里斯（Judith Harris）在哈佛攻讀

博士學位期間，遭到勒令退學。由當時為心理學系主任的喬治．米勒（George Miller）簽署的中止學位通知函上寫道：「我們非常擔心你會成為一般刻板印象認為的那種心理學家。」[4]哈里斯離開哈佛，短暫於麻省理工學院任教，接下來在紐澤西州擔任數年的實驗室助理。到了一九七〇年代晚期，可怕的遺傳性疾病硬皮症（systemic sclerosis）找上了她。隨著病程惡化，她愈來愈無法出門上班。

她被困在床上，於是全心投入寫作，這是她唯一能做的事情。在一九八〇年代初至一九九〇年代初，她在這十年間寫了數本有關兒童發展心理學的大學教科書。然而哈里斯卻對教科書內容耿耿於懷。她開始質疑教科書內容的預設前提，最終她徹底放棄了。她說：「我放棄撰寫教科書，因為某天我突然發現，我之前對那些容易相信人的大學生講述的許多事情都是錯誤的。」[5]

哈里斯對孩童發展抱持完全不同的理論。她相信父母養育孩子的方式並不會對兒童成長產生很大的影響。她說孩子受到基因與文化的影響，遠多於受到父母的影響。這是相當具啟發性的觀點，與當代專家普遍的看法相悖。例如：容易焦慮的父母被認為會教養出焦慮的孩子。盡責的父母則會教養出盡責的孩子。確實是有證據顯示，具完美主義傾向的父母會教養出具完美主義傾向的孩子。在兒童發展文獻之中，教養與兒童氣質有相當強烈的關係。

然而更仔細檢視後，這些相關性並非父母影響的證據。父母與孩子當然很像，因為有許多共同的基因。但除此之外，即便無關乎基因，這樣的相關性也無法證明因果關係。也許是孩子影響父母，而非父母影響孩子。哈里斯的想法是我們過於強調父母的角色，忽略了更為重要的因素，像基因與家庭之外的影響。

哈里斯因為發表這樣的想法而受到嚴厲批評，但她一點也不受影響，繼續謹慎琢磨論點。她獨自於紐澤西家中進行研究，沒有大學基礎設施、付費訂閱文章與昂貴教科書的資源支持。可是儘管有這些阻礙，她仍文思泉湧。在一九九四年，即她被哈佛退學三十四年之後，哈里斯將她的證據提交至享譽盛名的《心理學評論》（*Psychological Review*），隔年發表論文，備受讚揚。[6]

很難描述這是多麼厲害的成就。許多教授一生中都未曾在《心理學評論》發表過文章。身為那年代獨立研究、首次投稿，完全沒有附屬於任何機構，而且還患有慢性病的女性來說，她的成就令人大為驚奇。她能做到的唯一方法是靠著條理分明、無懈可擊的研究和深具驚人說服力的文章。她的論文極為優秀，在一九九八年時美國心理學會（American Psychological Association）還為此頒發獎項，表彰其卓越貢獻。令人感到諷刺的是該獎項是以喬治．米勒命名，而他就是將哈里斯踢出學校的哈佛大人物。

我們剛見到哈里斯對基因的解讀是正確的，人格的基因遺傳性非常高。然而她對環境的看法才是真正最具爭議性的。她相信文化對孩子成長的影響遠多於其父母。哈里斯所謂的文化指的是家以外的世界，像是我們的交友圈、大眾媒體流行、廣告與深具影響力人士投射出的價值觀，以及政府、學校與大學等公民機構組織與架構的方式。

為了支持這些看法，哈里斯要我們重新檢視雙胞胎研究。因為這樣做之後會發現，教養幾乎無法影響孩童成長為哪種類型的人。成長於同樣家庭的雙胞胎與成長於不同家庭的雙胞胎相比，其手足人格特徵的相似度沒有顯著差異。因家庭，換言之，即教養造成人格的變化性為零。哈里斯寫道：「如果我們將一群兒童放在同樣的學校、鄰區與同儕，只換掉父母，他們會長成同種類型的成人。」[7]

茱蒂．哈里斯本身也是名母親。從此觀點，她認為養育孩子常變成只是無助地在旁觀看。隨著她深入研究證據，基因和文化對兒童發展的綜合影響成為一個愈來愈難以反駁的現實。她的著作讓我們了解人性的基礎：我們的人格並非全然生理天性，也並非我們身處境況的無助反射，而是兩者複雜精細混合而成。

我們相當不同，但同時也有點相同。某些演化常數是生存必要，像是進食、繁衍與適應的需求，還有無可改變的基因。除了這些不變實體之外，我們有人格可塑性，除了最可怕例子像是虐待、拋棄或忽視。這種可塑性不是由父母，也非由個人動力所形塑，而是我們共有的文化所塑造。[8]

當提到文化對人類發展的影響時，很少人能像德國精神分析學家卡倫．荷妮（Karen Horney）更有影響力。她清楚明瞭的臨床觀察為已開發國家的人類人格種類之共同交響樂提供藍圖。她說完美主義是我們為成為交響樂一員所付出的代價。

卡倫．荷妮一八八五年出生於德國布蘭克內瑟（Blankenese），是家裡最小的孩子。她的父親是商船隊的船長，是位非常專橫的保守人士。荷妮從小就受到他的惡意行為包圍。她在日記裡寫道，他是個「冷酷懲罰者，他可怕、虛偽、自私、粗俗與無禮行為讓大家都不開心。」

荷妮在母親身上找到慰藉。她認為荷妮能有更遠大的抱負，荷妮的父親卻只想要她留在家管理家中大小事。荷妮十五歲時，母親安排她去漢堡（Hamburg）的中學就讀醫學。她的父親反對，宣稱他無法負擔學費。荷妮在日記裡寫道：「他在我愚笨又糟糕的繼弟身上花了數千元，但花在我身上額外的每分錢都要精打細算。」[9]

但她的母親堅持立場，還是將她送去漢堡讀書。

但是小時候的經歷在荷妮身上留下印記。根據傳記作者柏納．派瑞斯（Bernard Paris）的說法，荷妮「極為有野心，因為她必須彌補被家人拒絕的感受」。[10]派瑞斯寫道，荷妮在學校時懷抱著「透過學術成就獲得榮耀之夢想……以及覺得自己帶著特別使命，是個出類拔萃之人」。她的完美主義令她心力憔悴，但她究責於自己得要「超越平凡」的需求。來自她的治療師的文字記錄顯示，這樣的成就焦慮源自於害怕「被評為普通」。派瑞斯說：

「她的問題讓學業成為嚴峻考驗，但她有足夠的天賦能表現傑出。」

她表現非常的好。從漢堡的學校畢業之後，荷妮運用她的醫學背景，接受訓練成為心理學家。她撰寫數篇令人印象深刻的女性心理學文章，因此很快地拾階而上，晉升為批判佛洛依德理論的先驅。她的觀點深受看重，因此一九三二年她移民到美國時，先以芝加哥精神分析研究所（Chicago's Institute for Psychoanalysis）副所長的身份在芝加哥教授精神分析，不久後，以紐約精神分析學院（New York Psychoanalytic Institute）的院長留在紐約。

在紐約的這段期間，荷妮開始將父權文化的觀點更為廣泛延伸至戰後美國文化。反思自己的背景與許多病人的證言，她看到一種模式，雖然每個人的問題表達略有不同，但都有基本類似的心理問題。她寫道：「神經質的人有本質上的共同點，這些根本相似處基本上皆由當代文化裡現存的問題所引起。」[11]

根據荷妮所言，這樣的問題源自於過度競爭與相信個人命運勝過機遇的類宗教思想。荷妮寫道：「從其經濟核心，競爭擴散至所有活動。『它』滲透愛、社會關係與遊戲……並對文化中的每個人來說都是問題。」[12]

競爭的個人主義文化為人們創造出非常具體的困境。荷妮說我們無法「調和相互矛盾的趨勢」。[13]例如：生於消費競爭如此激烈的文化裡，因此創造出一種平均薪資無法負擔的物欲，這對一般人來說必定感到非常挫折。同樣地，生活在一個對地位與財富期待如此之高，高到大多數人無法達到的世界裡，也是如此。

荷妮相信這些相互矛盾的趨勢會傷害我們。我們因此發展出理想化的自我形象，即富有又酷且具吸引力的人，我們用這個形象來阻擋覺得不夠好的焦慮。藉由認同這樣的形象，我們遵從文化理想，由此幫助面對自己不足時，較不孤單。但遵從是有代價的，即文化奉為理想的完美之人與實際不完美的自己，兩者間產生出內在衝突。

再者，理想自我與實際自我之間的間距越大，我們感受到的內在衝突就會加劇，同時也更會覺得做自己愈來愈不自在。荷妮寫道：「將『我們自己』奉為完人，『我們』越無法忍受『我們的』真實自我，開始對其發怒作對，厭惡『自己』，將自己綑綁在『自己』達不到的理想之上。」因此我們開始有防衛心，害怕他人，甚至更害怕自己的不完美會公諸於世。這些害怕削弱了自我價值，如此一來開啟了不斷渴望愛與依賴他人贊同之路。

因此，為了感到安全、與他人連結與價值，我們戴上完美面具。荷妮說完美的自我是整套的「應該」武器庫，即「應該能忍受所有事情、理解所有事情、喜歡所有人，以及總是保持高效率——這只是幾個內在要求的例子」。[14]因為無法逃離這些要求，荷妮稱之為「應該的暴行」。

讀到這些話，我知道這位女性是位天才。因為就是這樣，不是嗎？我「應該」要更酷、更精實、更強壯、更快樂、更有效率、不能吃太多、也不能吃太少、經常運動、找時間休息、與朋友見面、適量喝酒、努力工作、接受每個可能的機會、練習自我照顧、準備豐盛料理，以及養育聰穎、有禮貌的孩子。這些都是我們常常對自己發出的緊迫（而且常是相互矛盾的）指令，而社會也會發出這些指令。它們散布在Instagram的照片牆上、從卡戴珊（Kardashian）家族節目中透露出，並張貼於海報與廣告看板上。我們無法採取其他行動，只能追求完美以調和這些壓力。因為如果不是社會認可且接受的完美之人，我們還能成為怎樣的人呢？

完美主義是那暴行的蛹，是我們看世界的濾鏡，這世界不斷拋給我們愈來愈多應該成為的理想目標。在荷妮的人生裡，承受的壓力不同，但也很沉重。激進父權主義對女性極為要求，這些要求讓荷妮知道「應該的暴行」展示了進退兩難的困境，即只有成為別人、成為完美的人，才能解決的困境。而在數千次診療互動後，她見到暴行文化產生的驚人連續性影響，就在人們問題的根源中。其中一位善於表達的病人這樣說：「我的『應該』系統是鐵鑄的，包含整套『應該』的盔甲，例如責任、理想、自尊、罪惡感。這僵化的強迫性完美主義支撐了我，在它之外和四周則遍布混亂。」[15]

史考特．巴瑞．考夫曼（Scott Barry Kaufman）於二〇二〇年在《科學人》（*Scientific American*）發表的文章中寫道：「許多『卡倫．荷妮』有關人格發展的看法都能由現代人格心理學、依附理論與大腦受到創傷經歷之後的影響等研究佐證。」[16]以上所說的一切確實為真，但考夫曼說的不夠多，我認為荷妮最深遠的貢獻是以下的想法：我們為了適應文化而改變，因此造成我們內心深處的焦慮。這個觀察幾乎預言到我們當代社會對完美主義的著迷。

卡倫．荷妮六十七歲時因癌症過世，度過了一個喧囂、勇敢，有時又深受折磨的人生。儘管如此，她在尋找折磨她與病患的精神官能症，以及造成此現象的文化薰陶的真相上從不動搖。倘若你覺得荷妮能理解你，那麼你就會像我一樣認為她是我們的密友。如同朋友會做的，她讓你對你的完美主義較不感到困惑，讓你在總覺得不足之中，較不孤單。她要我們知道，這一切不是我們的錯，罪魁禍首是文化。

七、八歲時，放學後我父親有時會帶我、母親和弟弟到他的建築工地去。我很喜歡去那裡。那是帶有魔力的寬闊空曠之處，四處都有磚頭疊高在棧板上，聚集在原本該是通道之處，以及一排排半成品的房屋。黃昏時吊車的燈光亮起，一大群清潔人員從陰暗處走出來，靜靜地拿著吸塵器、抬起防水布、清掃水泥灰塵與清空垃圾桶。

我的父母親即屬於那一大群中的人。後來得知由於我們經常手頭拮据之故，工地領班會給我父親多些輪班時數。他不是位特別厲害的清潔人員，但也不差，就像工地裡在不知夜多深的時分工作著的其他疲憊、低薪的人，不是特別投入工作（「這樣就可以了吧，對吧？」）。除此之外，他的才能更適合做的是製造混亂的工作，像是用鋸子鋸開膠合板，用牙齒當臨時的釘子分配器，再用榔頭敲打室內木地板。

但是我母親，她令我著迷。我跟著她在工地進進出出，眼睛困惑地睜大。她是如何在手緊抓垃圾袋、掃把和吸塵器的同時，轉動門上的鑰匙呢？她到底有什麼超能力，可以用吸塵器清理油膩地板，同時用抹布擦拭髒兮兮的牆，然後一邊大聲下指令呢？從孩子的角度來看，她強烈又冷酷的縝密顯得很不可思議。只為了少於最低標準的薪資並不會鼓勵她要這樣迅速動作，但她仍是如此，沒有怨言。這就是我的母親，她真切明白所有值得做的事情都要好好做。

就是如此，事實上她也是位完美主義者。她做的每件事都非常確實。從照料整齊的柏樹到管理我父親賺的每分錢，還有精確、嚴格地教養我們。如同荷妮，她是父權社會的受害者，她的父親是位受過戰爭創傷，紀律嚴明的人。她的兄弟都被送到學校上課，有更好的機會。在別種環境之下，她的人生可能會受到更多良善對待，例如她的天賦受到認可、她的嚴謹縝密得到回饋。然而她卻自己承擔不公平，真切相信自己就是有點「愚笨」。

從棕櫚泉回到家的班機上，我想到我與母親極為相似之處。如果她是我，她也必定會擔心。我的演講還可以嗎？表現會不會有點生硬？有點怪？我真希望我不要這樣想。當飛機在大西洋上空的某處，我就在商務艙休息的此刻，我想要細細品嚐成功。但每當我想要這樣做時，我就會回想到那些代表失敗的事情，例如觀眾坐在椅子上輕輕地鼓掌。

在某些程度來說，這些是注定。我的完美主義很大一部分，約三成至四成，是從我父母身上遺傳而來。我猜大多來自我親愛的母親。她的基因即是我的基因，我們生來就帶著完美主義傾向，這會在我們的剩餘人生裡從身上的毛孔以各種形式洩漏。我們無法採取任何行動，因為早就在這件事上沒有選擇，我們的人生劇本已打上「完美主義者」的性格標籤，但奇怪的是我們卻因此而感到欣慰。

雖然我們相同，但也非常不同。基因是高低起伏人生劇本的基礎，但卻並非全部的情節。共享的三成到四成仍算很多，然而即便如此，還有許多空間留給環境去運作。如同茱蒂·哈里斯所說，這裡談論的環境指的是文化。文化本可以消弭我的完美主義，但它卻將其強化成尖銳刺耳的嘈雜聲。

這就是我在像棕櫚泉這樣的地方會感到不知所措的原因。儘管有相反的證據，我仍然真心認為自己是個冒牌貨，完全不應該在那裡，與花費數千美元來聽我演講的人相比，我與園丁之間的聯結更深。但自此，就正如荷妮所說的發展，完美主義就在那廣大的世界裡，受到遠非我們能控制的文化力量滋養而盛開。

卡倫．荷妮的著作大都在一九四〇年代至一九五〇年代完成。那時至今，世界已改變許多。競爭與個人主義仍是盛行的主流價值觀，像是性別、階級、種族歧視等不公義仍然存在。然而，當代也有新的壓力，壓在所有人身上的壓力，那種甚至會讓荷妮皺眉的壓力。社群媒體的凝視，直升機家長、產業級的標準化測驗、每週八十小時的工作時數、收入、財富與世代機會的巨大差異，現在仍繼續變大，面對不穩定金融系統裡一個又接著一個出現的危機奇觀，這些都是「永遠不夠」的時代的背景音樂。

讓我們為卡倫．荷妮更新二十一世紀的消息，讓我們檢視現代文化，以及緊緊束縛我們的不停追求完美的壓力。

第七章　我所沒有的

或完美主義在我們（創造出的）不滿之處成長的方式

個體的成形仰賴政治經濟的形式，尤其是那些都會市場。即便是社會化壓力的反對者，人依舊是後者最特別的產品和其相似物。

德國社會學家　狄奧多・阿多諾（Theodor Adorno）[1]

我從小在倫敦北方約一小時車程的市集小鎮韋靈伯勒（Wellingborough）長大。韋靈伯勒位於英格蘭中部中心，城鎮周邊深入鄉間，以樹籬為界，另一側是綿延數英畝的亮黃色油菜花田。我爸回想數十年前，此地是個「欣欣向榮」的城鎮。維多利亞式排屋與工坊小屋裡住著附近鑄造廠雇用的泥水匠、職員與初級工程師的家庭。獨立商店充滿購物的人潮，社區戲院經常滿座，老老少少擠滿酒吧。

現在的韋靈伯勒有相當不同的面貌。當全球化、科技與數年的刪減支出損害此地產業空洞化的建築物，它仍堅忍地試著緩慢前行。獨立商店與支撐它們的中產階級一同消逝。購物中心已經歷過零售生命的各個階段，市集廣場不可挽回地縮小，由企業集團的速食連鎖商店、義賣商店與出版社支撐著。有人將進入韋靈伯勒的路牌上的名稱，用黑色噴漆遮掉「靈伯」（lingbo），剩下韋[redacted]勒（Wellrough，譯註：此英文詞彙點出該城鎮隨後的發展落後，社會秩序混亂）當地人覺得此舉相當具巧思，也能理解它非常誠實又帶點自嘲的幽默。

我父親以前很喜愛韋靈伯勒，現在卻不再如此。他一直跟我說：「它墮落了，但沒有人對此採取行動。」

在這個被遺忘的小鎮裡，如同後工業時期西方世界裡各個被遺忘的城鎮，你只需有一點錢就能成為相對富裕的人。有錢的孩子，像我的高中朋友凱文與伊恩就是人們仰慕又忘不了的人。我們成長的住宅區就位於韋靈伯勒問題的中心，這些男孩卻能過著好日子，住在此區邊緣的新建屋子裡，這裡街道沒有碎瓶子與髒尿布。他們乘坐在乾淨、體面的車子後座到學校。他們每年跟旅行團去土耳其與西班牙一次。在學校活動上，你在很遠的地方就能看到他們的家長，因為他們是在場唯一會穿著針織衫和領帶的人。

我在當地綜合中學六年級認識他們之前，他們兩人的情誼已有數年之久。那時的他們形影不離，對彼此堅貞忠誠，能直覺了解彼此的需求。兩人的花費皆仰賴他們父親的信用卡支付，也因此能夠穿的像是耐吉（Nike）、雷夫羅倫（Ralph Lawrence）和愛迪達（Adidas）的活廣告，而且總有最新的手機，也會在學校自由時間裡翻閱《GQ》與《FHM》雜誌看裡面的手錶、遊艇與豪宅照片，而他們承諾彼此將來必會擁有這些品項。

我回想起他們顯然受另一方擁有物所囿，迷失於追求設計師品牌與最熱門新裝置的戰爭之中，他們變成將物質當作衡量自己與他人的標準，易受影響的年輕生命被困在購物頻道裡，這明顯綁架了他們的喜好與需求，將他們變成訓練有素的消費者。對流行事物盲目追求，加上擁有可以購買那些維持自己校園風雲人物頭銜的物品的財富，他們的世界顯然在進行競爭性消費行為的過程中相互碰撞。

競爭性消費顯然由於車子的關係達到高點。十七歲時，凱文與伊恩趕著通過駕照考試，通過之後，兩人各自都得到一台整套改裝的掀背車。我記得他們開著馬力加大的車子飛速穿梭於韋靈伯勒的狹窄街道中，音響調大，車牌發光，閃著螢光藍的霧燈映在結冰的路上，他們喜歡挑釁彼此，從驚險活動中獲得興奮刺激感。

我眼紅嫉妒地看著這一切，我雙手彎曲擱在眉上，靠在凱文掀背車副坐的深色擋風玻璃窗向內查看，車內裝有具未來感五顏六色的旋鈕與顯然獨具一格的賽車式座椅。我看到出神，忍不住溜進去坐，車內聞起來有新裝的皮革味、男性體香噴霧，以及凱文父親塗在車門絞鍊上用以潤滑的防鏽劑味道。現在回想起來，當時奔馳的快車顯然賦予凱文與伊恩接近當地英雄的地位。而像我一樣坐在乘客椅上覺得飄飄然，表現出一臉驚奇的孩子，則會讓他們看得很開心，因為好似他們需要藉此證明他們在社會階級中佔有最高位置。

對我來說，這體驗的感受則相當不同。歌頌擁有許多金錢與物質的消費者文化，讓我不論與這兩位男孩比什麼，總是感到困窘。當他們的車子出現時，我感到最反胃的困窘，於是我撒謊。我跟他們說我父親在不久後也會買給我一台車子，但他並不會也無法做到，不過我仍持續假裝到超越可信的程度，因為今日的地位、成功與自我價值的頂峰即是獲得他人的認可與認同。而為了贏得以上的認可與認同，還有什麼比炫耀自己所有的東西更能達到呢？

我們活在過剩的時代。我們的經濟是一台總處於擴張狀態、不受束縛的過熱離心機。這為了維持經濟體大小，別管成長了，它必須仰賴持續投入更新、更多豐厚利潤的來源。這也解釋了為什麼到處都有像凱文與伊恩般狂熱的消費者。如果這些人不存在，如果大家突然決定不要使用免洗商品，而是選擇「夠好就好」的生活標準，那麼陡降的需求會讓經濟陷入急劇衰退。而我們都知道接下來會發生什麼事情。

經濟學家稱這種成長至上的經濟為「供給面」經濟。供應方是由於大量提供更新穎、更奇特的商品創造狂熱的消費者需求，而這樣的需求創造出利潤，然後創造工作等等。這體系內的理想居民發展出優良消費者的特質，他們不事生產，只會購物。如同凱文與伊恩的衣服、手錶與車子，我們應該透過各類生活方式支出表現個性。為了引起我們的興趣，公司巧妙創造出一種公眾認知觀點，即永無止盡的更新與不斷進步的必備用品。因此，出門購物不是為了購買所需用品，今日即使簡單如購買一雙襪子，也會因為有一大堆選擇而令人難以決定。

這是種不斷改變又浪費的系統。為了運作，它需要願意購買即便不需要卻仍持續增加的相關物品。快時尚的選擇過多顯然即是最佳例子。還有無數的例子，像是能冷凍與冷藏的冰箱、義式咖啡機、鑄鐵廚具、平面電視、音響系統、訂閱串流平台、電動割草機、數輛車子、能讓想得到的東西兩倍數成長的智慧型手機、蠟燭、國外度假、香水與古龍水、香氛潤膚乳、減肥藥、跑步機與瑜珈墊。

從這些過盛現象累積而來的是源源不絕的大量商品，而現代家庭中不能沒有他們。每年都有愈來愈多物品加到清單裡。美國零售銷售額於二〇一二年達四．三兆美元，但到了二〇二一年銷售額超越驚人的六．六兆美元。[2]到了二〇二五年之際，全球國際零售銷售額預計達到令人咋舌的三十一兆美元。[3]

為了延續熱烈的消費循環，不只我們所需的產品需要製造，還有對產品的渴望也是。

因此在過去的四十年間，公關、行銷、廣告與金融產業蓬勃發展。這些產業非常龐大，很有可能你即是在其中工作的一員。倘若如此，你會知道將產品行銷成「時髦」、「很酷」、「時尚」、「閃亮」、「清新」、「令人興奮」、「新鮮」、「奢華」與「夢寐以求」遠比對消費者解釋產品實際使用價值還來的重要。

這種氛圍行銷的全面轟炸創造出幾乎無法逃離的合成現實全像文化。透過小心編織出更為完美的生活幻想，全像投影打亂自然的興趣與欲望衝動，將我們的渴望與需求固定朝向能購買到的物品之上。完美的圖像與動人的生活照片就在晨間新聞裡，出現在通勤路程中頭上的廣告、足球比賽中、高速公路上的廣告看板，以及夾在機場離境班機板上。我們的衣櫃、衛生習慣、梳妝打扮、擁有的裝置與家居用品、交通方式、健身習慣，甚至飲食，都是受到全像投影的形塑與制約。事實上，今日的所有問題都有商品化的解決方式，即便是心情、感覺、思想與行為問題都能透過精神藥理學（Psychopharmacology）或是友誼與關係問題能藉由訂閱應用程式解決。

難怪全球廣告業產值達七千六百六十億美元，預計到二〇二五年會達到一兆美元。[4]

全像投影成功了。

回到一九二〇年代，產業雜誌《印刷業雜誌》（*Printer's Ink*）對於承認廣告裡的自我指認的幻想具有非常強烈效果時，一點都不覺得不安。這些廣告會導致不安全感的產生，對於自身的不安全感以及對生活環境的不安全感。一名廣告商寫道，完美廣告「讓『消費者』對普通事情，像是毛孔擴大、口臭侷促不安」另一名則說廣告誇大事實是為了「讓大眾對自身生活型態持續感到不滿足，對周遭醜陋的事物持續感到不滿」。同一位廣告商下結論，滿意的消費者「不如不滿意的消費者般有利可圖」。[5]

當然從昔日羞辱性海報（雖然仍是找得到）到今日，我們已有長足進步。儘管事實是如此，然而廣告的基本精神仍如同《印刷業雜誌》等出版品大聲說出業界內心話時一樣。例如廣告讓我清楚意識到我**應該**看起來的樣貌。我無疑相信在世界的某處有位打扮完美、下巴輪廓鮮明的紳士一邊凝視太空，一邊輕柔撫摸著手腕上的勞力士錶。然而，不論我打扮多時髦，塗上多少抗皺乳霜，那位紳士絕對不會是我。老實說，也不會是大多數盯著廣告熱切注視廣告上手錶的男人（很不願意跟你們年輕人說這壞消息）。

即使是再平凡不過的產品，都會以超乎尋常的狂熱與荒謬方式販售。正向思考！（好！）開發潛能！（好！！）你能做到！（好！！！）……這是健身房的會員資格（喔）。你只需揭開這個由來已久的產業，其薄如蟬翼的虛假外表，即可發現恆久不變的細節，即沒有某種品牌、訂閱、裝置或商品的話，你就不夠酷、不夠健壯、吸引力不足，以及生產力不足。

不是每則廣告都是如此，有些宣傳的是發薪日貸款、債務整併或貸款增貸等服務。然而美好的消費者全像投影裡持續出現精心設計的不滿，足夠顯示過去廣告業的真相在今日實質上仍為真。一旦你了解廣告運作背後的不足模型，就無法忽略它。凱文與伊恩對物質財產的迷戀，即顯示一種教導他們將生活裝備當作像枚賭場代幣一樣用過即能丟棄，而出於對廣告商、行銷商與公關人員的尊敬，這枚代幣得持續壓注於最新、最熱門的趨勢以尋找優勢。

坦白說，凱文與伊恩的行事方式確實照著經濟體系想要他們所做。而不只是他們，數十億生活於供給面經濟的人也都是狂熱消費者，包括我在內。廣告的力量確實非常強大，連最知曉內情的人士也很難以抵抗全天候的積極強硬、聲勢浩大的社群激勵。全像投影再度勝出，以驚人力量獲勝。

這樣的力量也是大部分人拒絕接受自我的原因，也是我們總覺得自己不夠好的原因。因為只要我們無法獲得誘人的安全感與滿足感，就很容易受廣告商擺布，在他們的引導下不斷地渴望、消費、渴望和消費，不斷地尋求生活和生活方式的完美。

從此開始問題變得更廣泛。在成長至上的經濟裡，不滿足必須長久精心安插於生活之中。沒有其他選擇。這聽起來違背常理，但倘若我們想要擁有需要的東西的話，得要持續購買不需要的東西。醫療保健、安全感、教育、工作，這些生活必需現在得仰賴我們持續用現在的快樂換取獲得更多東西的承諾。[6]倘若我們得以喘口氣，踏出全像投影社會，奇蹟似地在自身發現滿足，那麼便會停止渴望。倘若停止渴望，便會停止消費，公司就必須關閉，工作沒了，需要的東西開始消失，而我們所知的社會基礎便會崩潰。

熱門的心理勵志書籍、紀錄片、電視節目、ＴＥＤ演講與健康相關網站滿是如何克服充斥各處總是不足的感受之祕訣、訣竅與生活技巧等。但意識的幻覺不禁讓我想著，我們真的了解這樣感受的內建程度與全面性嗎？不夠富有、不夠酷、吸引力不足、生產力不足，這些都不是能靠著一點自我照顧或正向思考就能揮之而去的惱人毛病。它們是系統性思想，即認知歷史學家所謂的「根本隱喻」，這樣的想法極度深入人的內在，使我們真的認為覺得不足，或需要經常更新與提升自我是人性的實際情況。

但這並不正確。中國清朝或十世紀因努伊特人（Inuit）即便懂得語言，也不會知道那位強勢、#成功就是失敗的抱怨（#successtrainsfailurecomplains）的領英（LinkedIn）男子在胡說八道些什麼。現實是遠遠更為不妙。那種不滿足思考潛伏於我們共有追求更多之下，讓我們停在一種對於自己是否足夠，懷有著不安全感的固定狀態，這是種由社會制約而成的思考方式，由經濟要求我們重複練習，持續不斷地練習而成。如果我們突然跳開，不再這樣想，並且知道我們的生活不需要經常更新與提升，那麼所有事情亦將停擺。

現代社會的基本結構就是由人的不滿足所構成。放大廣告商創造出的不完美，使我們保持在一個不斷擴大、活躍的消費狀態中，同時也讓經濟持續成長擴張。

你可能會問：「這難道不是同於卡倫．荷妮擔憂的文化困境嗎？」嗯，是，也不是。

是，是因為今日的文化，就如同荷妮當時的文化，在社會告訴我們應該成為的完美之人與現實上不完美的我們之間有著一道巨大鴻溝。然而，不是，是因為現代有其獨特之處。荷妮當時的困境在於行銷廠商推銷的許多東西對於一般消費者而言是遙不可及的。強烈的缺乏感產生了內在的衝突。

從許多方面來說，我們的困境則是相反。便宜的進口商品與消費者信用的盛行代表大多數人都能購買應該需要的東西。我們並不缺乏，而是能夠買到太多的東西了，比真正需要的還多。然而不知怎的我們仍感到嚴重的不安全與前所未有的不滿足。

我從十八歲離家上大學後就與凱文和伊恩失去聯繫，但數年後又再度聯絡上。他們仍是形影不離、忠誠又極為好勝，並且做任何事，見任何人，都得兩個人一起行動。另一方面，我則完全變了個樣。然而回到家鄉，發現地方和人們都與我離家時差不多，讓我覺得相當欣慰。

但只有一點不同。在我離家期間，凱文的家族事業變得非常成功。從家庭辦公室的顧問公司開始，他建造了一個迷你帝國，為某些世界最大的公司提供服務。他的收入以指數型成長。僅僅三年內，凱文的家族已搬離韋靈伯勒，住進隱身鄉間門禁控管的宅邸，坐落於四百公尺長的車道盡頭，佔地約兩千四百多坪。

凱文的父親短時間從富裕到極端富有幾乎是一夜間改變了凱文的人生。這位二十一歲年輕人在父親的公司裡賺取可觀的薪水，買了間四房的房子，收集好幾輛高級汽車，當然還開始打高爾夫。

我們在他家的遊戲室裡打撞球時，他跟我說：「我非常幸運。」我不確定他是在安慰自己還是我。凱文成長於不足的環境裡，深知事情有時會變的很糟，而他非常不擅長掩飾他對自己顯然地過度放縱，所感到揮之不去的愧疚。

但這並沒有讓他停止發展出某種無畏感。提及特權，我們通常關注於裙帶利益，卻忘了更根本的益處，即缺少阻礙。凱文幾乎不害怕任何事情，顯然他的背景讓他覺得他的人生比起其他人的人生還來得直通順暢。當他談到幸運時，我想這就是他意指的東西。在充滿極端不公平的世界裡，他卻罕見地能夠接納。接納自己與接納自己的背景，不需為其辯護，也不需用故事情節解釋，而他的人生命運就像複利一樣，順遂累積向上，與他的努力與精明成正比。

他深知事情並非如此，接納事情的發生讓他能只做自己。凱文的好運在伊恩身上卻有不同的影響。伊恩仰慕凱文。他似乎在凱文奢華生活中看到自己努力的終點。當凱文買了房子，他也買了一間。當凱文買了輛新車，他也貸款買了同等車款。當凱文購買昂貴名錶或珠寶時，伊恩也竭盡其力買了類似的奢華品項。

當伊恩在凱文的生日派對上說：「我跟凱文總在競爭。」他明確表達了這種狀態，眾人也發出笑聲。然而，我覺得伊恩提到的競爭到此時已是單向的，顯然演變成追逐凱文所擁有的不可思議的生活標準，這是種顯然在衣食無缺的年紀裡特別會有的物質完美的幻想。

追逐這樣的理想生活顯然為伊恩的人生注入不安全感，尤其在艱困時刻。我記得某個冬日夜晚，我為了安慰被無情裁員的伊恩，帶他出去喝酒。他並不悲傷，對老闆不尊重人的裁員方式也並沒有特別生氣，而是對未來感到迷惘與憂心。伊恩的生活方式讓他遭遇這樣的打擊時幾乎沒有轉圜空間，就像大多數現代人，他背負大筆貸款，剛買了新車以及持續累積的信用卡帳單。現在沒了工作，只靠著少許存款，他似乎對人們會如何看待他陷入欠債窘境感到恐懼。

但他最終沒有陷入困境，因為他非常有創業精神。但有陣子，情況糟糕到令他覺得不太舒服。

於是我們在肖爾迪奇（Shoreditch）某間骯髒酒吧裡，七杯威士忌下肚之後（喝太多啦），將導正世界錯誤之事拋在腦後。至少在那刻，他的煩惱暫時消失不見。

生活在一個越多越好的文化之中，無可避免在某刻會遇到不論你多富有，欲望將達到財富的臨界點，而無法被滿足。對卡倫．荷妮而言，這矛盾不只是物質缺乏，而是內在根本衝突的源頭，即我們是誰以及我們的文化告訴我們**應該**成為的自己之間的衝突。

這矛盾在今日已較為模糊，但仍是很嚴重。便宜的進口商品大大降低生產費用。信用卡、先買後付款的方案與分期付款的合約蓬勃發展，讓大多數人能滿足不斷擴張的大量渴望清單。一九五〇年代當荷妮正在撰寫「應該的暴行」之際，美國私人債務總額約是50%國內生產毛額（Gross Domestic Product, GDP）。今日，此數字已達２４０％。雖然美國明顯是個異常例子，但大多數的已開發國家都在近十幾年內出現類似的債務攀升情況。

現代世界裡，信用或債務都是我們越來越仰賴從開始慢下來的已開發經濟中獲取成長的方式。

這沒問題。但透過信用獲取成長就像用大槌敲開堅果。在現代經濟裡擺盪，像用魔術變出來的金錢數量為天文數字，而每當試算表上加上位數0，其回收利潤卻越少。根據經濟學家提姆．摩根（Tim Morgan），二〇〇〇年到二〇〇七年間，全球總債務增加五十五兆美元，而國內生產毛額只增加了十七兆美元。除去銀行同業債務，約是每兩美元新負債換取一美元的成長。摩根接著一路追蹤數值到二〇一四年，發現世界負債增加了五十兆美元，但這次國內生產毛額卻只以每借三美元換取一美元的成長速度增加。[7]

如果摩根的數字正確，那麼不久之後不論有多少新負債都不會促進成長。但是我們寧可不接受事實，而是持續拼命擴張信用，加速已過度通膨膨脹的經濟進入通膨的狀態，這通膨泡泡顯然好像隨時會爆炸。根本沒有任何「備用計畫」，如果經濟下行，就繼續印鈔票，然後經濟就復甦了。

可是，只要我們的渴望被滿足了，那麼為了欲望而背負持續擴張的負債是否能長期延續，不就沒有那麼重要了嗎？這顯然不是如此。畢竟金融市場的開放讓我們的生活與生活方式變得更完美、更奢華，充滿小裝置與科技方法、精緻廚具與廚房家電，更大台、馬力更大的休旅車、家具與愈來愈巨大的房子，直到永遠，即便我們的薪資仍是停滯狀態。[8]伊恩先買後付的自我提升計畫也許是極端例子，但並非獨一無二。事實上，這其實是遵從最近數十年被詳細記錄的模式。

例如一九七〇年代的人被問到過好日子代表的意涵，人們一般會回答擁有美滿婚姻、孩子、有成就感的工作，或是做能改善社會的事情。[9]然而同樣的問題詢問一九九〇年代的人，他們的回答卻是度假別墅、新電視、流行服飾，以及很多很多的錢。[10]生於一九八〇年代的美國人，有八成說獲得物質財富是最重要的人生目標之一。這數字比起一九六〇年代與一九七〇年代回答的數字高了幾乎兩成。[11]

有了這些物質欲望，以及滿足欲望的金融體系，你會以為我們比較快樂了嗎？但如同伊恩的故事所示，事情並非這麼簡單。美國經濟學家理查德・伊斯特林（Richard Easterlin）

探討財富如何影響人的幸福的經典研究裡明顯點出越多金錢與物質並不會帶來越多快樂的結論。他的分析一致顯示一旦國家達到某種財富臨界點，更多財富並不會增加人民的幸福感。[12]同樣的故事也出現在收入水準上。儘管一九四〇年代到一九九〇年代間美國人的收入驟升，但這段期間美國人的幸福水準仍保持不變。[13]一年十萬美元的收入顯然是足夠的。超過這個區間後，幸福感趨於平穩，因此越多錢顯然沒有讓我們變得更快樂。[14]

越多財富與快樂只有微弱的關聯性的矛盾稱之為「伊斯特林悖論」(Easterlin paradox)。教科書解釋成因為社交地位焦慮之故。社交地位焦慮不是擔心我們沒有足夠的錢與物質，而是擔心我們沒有足夠的錢與物質能與他人相比。更白話一點來說，即我們無法與左鄰右舍相比。這樣的焦慮在當代隨處可見，完美體現於伊恩身上，儘管他購買了比多數人還要更多的商品與服務以獲取地位，但他在凱文身邊仍沒辦法感到滿足。

英國心理治療師亞當．菲利普斯（Adam Phillips）說：「不論我們在生活何時與何處出現過度情況，這代表有某部分受到剝奪。」他說：「我們過度之處是能指向自身的貧困的最佳線索，以及對自我隱藏的最佳方式。」[15]他說的沒錯。儘管我們對其投入金錢，但內在貧困，即總是不足的感受，無法透過用完即丟的商品來擺脫。因為這無關乎商品，而是關乎總是不足的感受，購物無法有終點，無法開始投資自我，以及自我無法被認可。

感覺不足與不受喜愛即是我們經濟的重點，而非為了我們的幸福、滿足或人生目標的基本需求與社會連結。它明顯是為了製造不滿與競爭而設計，避免我們感到滿足。此體系的首要之務在現在與未來都會是成長，與以最短時間盡可能產出最高的成長。放任其自行運作的話，將會拋棄其他考量，最後我們的人生只會剩下以物質方式治療以羞愧為基礎的缺乏恐懼。

成長於消費者文化與他人的購物奇觀之中，我學會對人生每個無法與他人相比的方面感到羞愧，而幾乎所有方面都是如此。我不是唯一被灌輸這樣的不足想法。深具影響力的布芮尼・布朗（Brené Brown）教授曾說，「每個我訪問過的人，都提到與脆弱性的掙扎」以及對不夠好「以羞愧為基礎的恐懼」。[16]我的學生都提及同樣的掙扎，我的家人與朋友大部分也是如此。羞愧是我們見到社會導向完美主義驟然升高的原因。「我不夠完美」與「他人期待我是完美的」，這即是以供給面經濟形象塑造而成的新一代的內心獨白。

社會導向完美主義是單仰賴成長的經濟體系內必然會出現之物。即便無可避免，但有許多事情能幫助我們過著更知足、更有意義的人生。在我心中，最重要的事情是自我疼惜，讓我們能夠接納自我。[17]我們都有不完美之處。當不完美受到批評或暴露，當廣告將不完美形描繪成我們羞愧內在的提醒時，我們的直覺是聆聽並厭惡不完美之處。我們的反應的好像我們很糟糕。

我們會告訴自己：「我不夠好。我應該要更結實、更快樂、更酷、更美。」

克莉絲汀．娜芙（Kristin Neff）也許是研究自我疼惜最具實證能力的人。她將自我疼惜與自尊作區別。娜芙說雖然自尊能建立正向的自我形象，但研究顯示這樣的自我形象脆弱，容易破碎。[18]她說，相反地，自我疼惜則是建立於自我澄清。自我澄清的意思是想著我們愛自己的方式。與其依照所有之物與看起來的樣貌衡量價值，自我澄清的焦點則放在自身的思想與情緒。它是種內在對話，基本上說著：「不論發生什麼事情，不論他人說和做什麼，我夠好了，我要用寬容愛自己。」

研究顯示具高度自我疼惜的人比起具低度自我疼惜的人，較少會有自我表現的焦慮，較沒有成為完美的需求並較能欣賞自己的身體。[19]這些人面對充滿壓力的情況時會更有適應力，較少擔憂與反覆思索，並且較少有像是焦慮與憂鬱等心理健康問題。[20]比起預期從不安全感與不滿足的想法著手，這聽起來像是引導現代世界更為健康的想法。

與其讓自尊在你最需要它時拋棄你，請作出要對自己仁慈的承諾。娜芙說那代表你接納自己的不完美、認可共有的人性，並理解不論你的文化有多努力灌輸你相反的觀念，但沒有人是完美的，每個人的人生都是不完美的。倘若你能專注於投入做這些事情，那麼慢慢地，即使一開始時好時壞，但終能將本來應該感受到的羞愧排除於外。如同娜芙研究顯示，保持自我疼惜，隨著時間推移，將會感受到較少的羞愧、較不會反覆思索與較不會外貌焦慮，也較不受以上負面感受侵擾。[21]

我們就是我們，每晚帶著搖搖晃晃的一大塊不完美上床睡覺。擁抱那些缺陷，以寬容對待自己，知道身而為人皆會犯錯，這等同於拿大槌敲擊完美主義。當世界試圖打擊你時，繼續練習自我疼惜，因為不論廣告說什麼，不論你是否會購物，你都過繼續過著不完美的人生，但那樣的人生就足夠了。

我常常被問到完美主義是否是從中產階級不斷期待卓越的風潮應運而生。部分是如此，我們稍後會在書裡談及。但成長於韋靈伯勒，深知另一類人生活的我應該適合大聲回覆說不是。當代世界裡的每個人都是消費者。不論階級，每個人都會受到完美主義幻象的影響，因為這是經濟的力量泉源。

我沒有任何證據能佐證，因為唯一能可靠追蹤的完美主義數值來自大學生，在我們收集的特定資料裡大都具有中產階級的特色。然而我的所見所聞能當證據，這告訴我社會每個階層都受到無節制的不滿制約。也許在社會階層中更低的人群中更為明顯，因為相較其他階層而言，他們從一開始就缺乏實現文化理想的完美生活和生活方式的資源。

這也是我談及凱文與伊恩的原因。我認為他們在當代世界裡的經歷與他們的情緒回應，都有足夠代表性能當作例證說明。供給面經濟學的成長需求是當代生活的事實。這代表廣告商、行銷商與公關人員必定得要想出更新、更具創意的方式讓人永遠留在不安全感的控制模式中。我們在世上本來就不該感到滿足，如同噴灑香奈兒（Chanel）香水也無法將我們變成手持十字鎬在神祕森林四處探索，身材完美結實的模特兒。「每個人都期待我是完美的」，這是生活在無限完美的誇張超現實世界的感受。

社會導向完美主義只是消費者文化的標誌，而具典型社會性格的公民是絕對無法踏出全像投影世界，絕對無法感到滿足。如果你認為由電視廣告製造出的不滿很有問題，等你聽到社群媒體的事蹟，你會更加困擾。

第八章　她的貼文

或社群媒體公司從成為完美的壓力中獲利的原因

人們花越多時間在我們的平台上，我們就能賺到更多錢，因為我們是廣告公司。

Instagram負責人　亞當・莫塞里（Adam Mosseri）[1]

一開始，我們有許多朋友。我們能與同班同學「成為好友」，能顯示與約會對象的關係狀態，能創造祕密小團體，列出活動，甚至傳送訊息。我們的個人檔案有個「塗鴉牆」，用戶能隨意編輯、大家都能看到（但只有少數會更新）的文字方塊。其中有個「戳一下」

選項，但沒有人知道這是什麼意思。對我來說，最有吸引力的是「標註」，我們最常將朋友標註在昨晚最尷尬的照片裡。

這是早期的Facebook，這對我們這些容易受影響的大學生來說是非常刺激的地方。我們用它對朋友開玩笑，嘲笑喝醉後的滑稽動作，探知誰跟誰回家。這是「社交網絡」此用語最真實的意義呈現，它強化社群並為現實世界友誼提供潤滑。

然而大約在二〇〇六年，一切都變了。Facebook開放給一般大眾，我們的父母、祖父母、叔伯阿姨們都擠到這個平台上。在短短的數年間，圈內笑話開始消失，跟著消失的還有觸發圈內笑話的令人難堪照片。取而代之的是一個又一個有趣的貓迷影片、背景有流星的勵志梗圖以及廣告，很多很多的廣告。

然而，儘管如此，Facebook的開放門戶政策證實對其所有者馬克·祖克柏（Mark Zuckerberg）來說是極為成功的策略。這幫助他建立龐大的全球使用者群，接著運用這樣的影響力吞掉像是Instagram與WhatsApp等競爭者，之後於二〇二一年將他擁有的一系列平台進行品牌再造，變成Meta公司。那時的Facebook暨Meta，已經從本來零收益與一千萬用戶的公司，變成擁有一千一百七十億美元收益[2]與幾近四十億用戶的公司。[3]

莎拉（Sarah）是其中一名用戶。

我在中學六年級時短暫與莎拉交往過。那時的她非常有名，不僅在我們成長的城鎮，在周邊許多地區也是。用現代語言來說，我想她就是當地的網紅，人們也是這樣認為，而她總是身穿閃亮衣著，頭髮完美地捲燙，拿著內有刷子、粉底與睫毛膏的沉重包包出現在韋靈伯勒熱門地點。十八歲時，莎拉離開我們成長的小鎮，去別的地方找尋刺激。但我們仍保持聯繫。

她過得很好。離開韋靈伯勒之後，她在一家建設公司找了份辦公室工作，逐步晉升到中間管理職位。她在那時遇到丈夫傑夫（Geoff），他是位年長她幾歲，肌肉強健有刺青的泥水匠。他們的婚禮在泰國一個小島上黃昏時分舉行，婚後育有貝卡（Becca）與艾菲（Alfie）兩個孩子，她開奧迪，先生開寶馬，住在離莎拉父母家約四十分鐘，綠意盎然郊區裡的新建獨棟住宅區中。

我知道所有的事情是因為莎拉在社群媒體上分享了大量生活點滴。她時常刊登新貼文、評論、按讚與分享貼文，深深涉入Facebook平台。該公司的技術讓社交比較的頻率從偶爾提升到幾乎是即時，而且擴展到全球性的。莎拉的比較對象本來只有韋靈伯勒的青少年，現在還有數百萬上相網紅。她追蹤其中很多人，當她不是在發照片、影片或故事貼文時，就是在瀏覽這些網紅的貼文。

莎拉的社群媒體使用經驗並不獨特。今日，如同莎拉的使用者不再注意戳一下和標註，而是對動態加總的指標，像是追蹤者數、按讚數、或是分享貼文次數更感為敏感。社群媒體的歷史上曾有個珍貴時刻，是用戶登入帳號時會帶點惶恐不安的心情，不知道自己被標註在哪些貼文上。現在我們則擔心相反的事情。沒有按讚數、被提及與分享的話，我們擔心被忽略、不被重視，好似商店地板上被丟棄、積滿灰塵的不值錢衣物。

這應用程式以這種不足模式運行，這也是大多數人只願分享修飾過的貼文之故。我們知道這樣的模式會加強指標，而指標是種認可標誌，用以清除我們心裡自尊帳戶內的負額。莎拉的個人檔案即是例證。她的故事總在講刺激的異國冒險。她的貼文牆上張貼著一則又一則完美像素的貼文，包括修過的自拍照、加上濾鏡的假期照片、擺好角度的健身房照，以及可愛的夫妻合照。而莎拉與像她一樣的數百萬人想要他人透過貼文看到他們的理想生活。

但是每個人的生活都不是完美的。我們有混亂時刻、興高彩烈的時候、悲劇瞬間、職位晉升、被解雇、健康恐慌、愛與心痛時刻。在人生劇碼之間的空白時光我們的人生仍持續進行，沒什麼特別的，沒什麼異常，只有平淡無奇的日常瑣事。

照片般完美的線上生活與較為平淡的真實生活之間的衝突，讓使用社群媒體美化生活的我們注意到一些重要的問題。追求按讚、分享與提及的生活是否真能找到滿足呢？透過像素稜鏡，是否能夠形成持久的關係呢？是否用火與鼓掌的表情符號能建立穩定自尊呢？

如果我要將困境說的更具體，就是社群媒體完成了當供給面經濟革命一開始掌控經濟後，消費者文化開啟的工作。廣告看板、雜誌、電視廣告善於創造無限完美的全像投影，但都無法與社群媒體相比擬。此平台揭露消費者經濟最純粹的樣貌，即缺乏規範的熊坑（bear pit，編註：此處意指有很多人發表意見、與他人競爭的平台），用戶創造閃亮內容，算法歸納之後，接著反映回去給這些用戶，用以產生不滿足的氛圍。這些演算法持續加深我們的不安全感，然後在你最脆弱的時候，突然出現一則提供完美解方的廣告。

超過二十億人每天都會登入Facebook或Instagram。因為每個人都在上面，每個人都覺得應該要炫耀一番。我們與他人相比較，我們的個人檔案讓追蹤者模仿與競爭，而他們的個人檔案也會讓我們做出同樣的反應。每次登入應用程式時，就像參加一場贏不了的人氣競賽，此競賽創造出數位強化完美所帶來的窒息氛圍。這樣的氛圍之下，不論是獲得多少按讚、追蹤人數與讚賞，沒有用戶會感到足夠。

再一次，就是這種感覺。

Facebook說它提供了我們與朋友的創新聯繫工具。但從一開始就使用的人就知道這不再是如此。莎拉與數百萬像她一樣的用戶都足以證明社群媒體已經演化，變成完全不一樣的東西。當它剝除所有只剩演算法，直擊今日社群媒體核心時，會發現它就是個廣告裝置。如同所有的廣告裝置，它做的就是供給面經濟要做的，即是把人們塞進罐子裡，然後大力搖晃罐子，接著打開蓋子，讓人看到一堆眼花撩亂的目標式廣告。

即便如此，我們還是該談談社群媒體，因為就廣告裝置而言，它影響力強大，有加劇完美主義的巨大潛力。

談社群媒體之前，我們先來釐清一件事。我們談到的傷害，主要談的是主流視覺平台，就是Instagram與TikTok。Instagram尤其是為了激起社會比較而創造，爾後的平台也大都以此基礎運行。透過焦點短片、影片與故事，這些平台讓我們接觸到精選生活、推薦名人貼文、推送受歡迎新網紅，並模擬不切實際的健康與美貌完美典型。一位前Facebook高層在一份外流的備忘錄裡說：「人們會用Instagram是因為這是種競爭，這就是好玩的地方！」另位員工附和：「這不就是Instagram嗎？金字塔頂端0.1%的（非常上相的）生活？」[4]

也許就是如此，然而那些達不到的標準在易受影響的年輕人身上留下印記。這些標準使年輕人持續將自己與演算法持續推送的一大堆精選超現實相比。那些比較造成對現實生活感到不滿意、對自我形象感到不滿、需要完美，以及隨之而來的憂鬱、焦慮、自殺念頭等。

我們知道以上說的是真的，因為Facebook自家的研究也是如此顯示。二〇二一年前Facebook專案經理佛朗西斯・霍根（Frances Haugen）對《華爾街日報》（*Wall Street Journal*）

洩漏一份組織內部對「心理健康的深入研究」。[5]此深入研究是Facebook於二〇一九年到二〇二〇年間，運用焦點團體、問卷調查與日誌研究的三角交叉研究方法進行。他們擔心Instagram對青少年的影響並想了解其對他們心理健康的影響。

研究的結論令人擔憂。事實上，結果令人擔憂到Facebook不願意公開結果。要不是有霍根驚人的勇氣，我們就不會知道有此份研究的存在。一份洩漏出來的簡報裡其中一頁提到：「有三分之一的青少女覺得身體形象問題更嚴重。」另一頁簡報說：「青少年認為焦慮與憂鬱的增加歸咎於使用Instagram。此反應是自發的並且在所有群體裡都是如此。」[6]

不僅如此，簡報也揭露Instagram影響年輕人看待自己的方式的驚人資訊。一張圖表顯示約有一半的Instagram用戶覺得該平台強化了看起來得要完美的壓力。另一張圖表顯示約有40%的用戶說該平台讓他們擔心自己看起來不夠有魅力、不夠富有、不夠受歡迎。然而最令人感到擔憂的是有關自殺念頭的長條圖，約有6%的美國青少年與13%的英國青少年告訴Facebook研究員說，花時間在Instagram是他們想要自殺的原因之一。[7]

心理學家珍．特溫格（Jean Twenge）的深入研究呼應了Facebook的研究發現，最近一份三個美國大樣本的分析中，使用社群媒體與心理困擾有非常高的相關性。[8]頻繁使用社群媒體的人與沒使用社群媒體的人相比，可能感到憂鬱的機率約高了兩到三倍。特溫格說心理健康與社群媒體的關聯性比起與「酗酒、過早有性行為、重度藥物使用、被學校退學、吸食大麻、缺乏運動、遭遇警察盤查或攜帶武器」之間的關聯性還來的高。

作家唐娜．弗瑞塔斯（Donna Freitas）的研究又更進一步。[9]她與年輕社群媒體用戶的訪談揭露了一個遭到社會比較所困且超級關注他人認同的世代。他們的故事顯示網路上的年輕人覺得他們必須總是看起來很開心、成就某些事情並過著最好的生活。一位年輕人跟弗瑞塔斯說，社群媒體「讓你誤以為你正過著完美生活。你不會想要他人見到你的低潮，你想要他們見到你的美好時光，那麼他人就會說：『我也要像過的像他一樣。』」

儘管規模不如特溫格和弗瑞塔斯兩人的研究，我自己的研究也顯示類似的模式。在一項研究裡，我們詢問青少女她們是否會將自己與網路上的人相比。[10]超過八成的人回答會，這很糟。然後這之中有九成的人說與他人相比之後覺得自己很糟糕，甚至差很多，而那些負面比較與較高憂鬱傾向與較低身體欣賞有關。更糟的是我們也請青少女回報她們的社會導向完美主義。你猜結果如何？具有高度社會導向完美主義的少女感受負面社會比較之後，有特別高的憂鬱傾向和特別低的身體欣賞。

這種關係是這樣的運作的：一名青少女正在瀏覽Instagram，突然她看到一位網紅的照片，這張照片是從眾多照片裡挑選出，再經過數種方式修圖，但對這女孩來說，這一點都沒關係。她愣了一下，很快做了比較，然後在那瞬間明顯覺得自己很糟。這夠糟了，然而她的社會導向完美主義傾向越高的話，這樣的比較會產生更多憂鬱與身體形象焦慮。這即是我們在第三章討論的那種強化脆弱性。

珍．特溫格認為社群媒體與心理困擾之間的關聯主要歸咎於智慧型手機。[11]她利用許多資料集證明她的論點，包括她自己的研究資料，以上皆顯示年輕人憂鬱傾向與自殺率約從二〇〇八年開始突然高升。順帶一提，二〇〇八年也是社會導向完美主義傾向突然高升的一年。再將蘋果第一支iPhone在二〇〇七年上市加入以上趨勢，這的確是很有說服力的相關性。

這相關性當然通過了一些測試。畢竟，智慧型手機讓我們沒有喘息空間，無法遠離社群媒體的噪音。它將我們天天整日連在一起，讓社會比較滲入至今尚未被觸及的生活層面。手機在身旁，像Instagram與TikTok等應用程式就成了早上睜眼看到最先看到與晚上睡前闔眼時最後看到的東西。我們在沙發上、泡澡時、通勤時與在健身房時都不停漫無目的地滑動瀏覽個人檔案。在本來該是我們喘息與思考的冥想時刻，我們現在拿來滑手機與他人比較。

智慧型手機讓社群媒體無所不在，而根據特溫格所言，無所不在就是它為什麼會具傷害性之處。

這完全合理。那麼為什麼還覺得少了什麼呢？「就是Facebook！就是Instagram！就是TikTok！就是智慧型手機！」這是令人滿意的頭條標題。然而你會注意到單獨聚焦於特定事物是多省事！就像精準校正過的炸彈，只聚焦於損害特定公司，但無法足夠聚焦推翻建立這些公司的基礎結構。將社群媒體的問題歸咎於智慧型手機是沒問題，而且確實有其原因，但這樣做卻讓一開始影響社群媒體公司撰寫演算法的經濟結構完好如初。

這讓我回到二〇〇八年發生的另一件事情，這與智慧型手機一點都沒關係，就是

Facebook讓一名廣告總監擔任營運長。

在Facebook早期的美好時代，該平台很好玩，但可惜的是卻沒為馬克・祖克柏帶來多大利潤。這種狀況之下，Facebook需要讓人們在平台上有互動、點擊個人檔案、瀏覽更新、傳訊息給彼此，同時置入廣告。這也是祖克柏於二〇〇八年邀世界知名的廣告總監雪柔・桑德柏格（Sheryl Sandberg）加入Facebook的原因。她的工作是？讓用戶變成消費者。

桑德柏格做出的改變就是供給面經濟要她做的。Facebook不能靜止不動，必須不計代價地成長。為了達成此目標，得要讓收益來源多樣化，追求新穎、更多盈利的獲利來源。因此桑德柏格做了所有優秀營運長都會做的事情，她將Facebook變成廣告公司，利用公司龐大的個人資料庫，像是年紀、位置、興趣、性別、喜好、點擊等，銷售目標式廣告。

桑德柏格在二〇一八年Facebook第一季季度電話會議上說：「我們為建立廣告模式感到驕傲。這讓人們能看到更有用的廣告，讓數百萬商家成長，讓我們提供給大家免費使用的全球服務。」[12]這可能是真的，但桑德柏格對「有用的」定義至少可以說有點避重就輕，很少有廣告會賣有用的東西，大多數賣的都是選擇性商品。我們不需要它們，但我們被說服它們能堵住廣告商打穿的洞。

Facebook銷售的廣告並沒有不同。說這些廣告很有用就像當你的房子正燒著熊熊大火，而你卻感謝縱火犯遞給你水管一樣。在桑德柏格的管理之下，該公司得知Instagram尤其適合縱火。因為它深入全球各地，有龐大易受影響的用戶群，Instagram能邀集年輕人將自己的生活與成堆的模特兒、健身部落客、生活教練和網紅的生活相比較。

難怪年輕人會對「覺得足夠」一事苦苦掙扎。就像由來已久的電視廣告手法，社群媒體公司會創造對於我們所沒有的和我們外貌無法呈現的樣子產生不安全感，這會引來目標式廣告。多年以來，他們將演算法訓練到能詭異精準預測到我們最可能點擊的廣告種類。事實上，精準度之高導致有傳言說Facebook一定在偷聽我們的談話。對桑德柏格來說，投資於這些科技是個卓越的策略性決策，因為此決策，Facebook的廣告收益從二〇〇九年以來到今日已增加一百五十倍，達到一千一百五十億美元。[13]

Facebook喜歡用委婉地包裝此部分獲利的商業模式。但是《澳洲人報》（*The Australian*）取得一份機密文件，[14]它說Facebook提供資料給廣告商瞄準當數百萬年輕用戶處於最易受影響的時候，像是當這些人感到「壓力」、「受挫」、「不知所措」、「焦慮」、「不安全」、「愚笨」、「愚蠢」、「不重要」和就像個「失敗者」。Facebook的演算法甚至能準確指出年輕人何時「需要提升自信」。[15]

Facebook已證實該文件的真實性，但否認提供「以情緒狀態作為對人們投放廣告的工具」。這很奇怪，因為二〇二一年一份由公平競爭（Fairplay）、全球行動計畫（Global Action Plan）和重置澳洲（Reset Australia）等組織進行的研究顯示Facebook仍會監看青少年並以之作為投放廣告的目標。[16]該組織在一封略述研究發現的公開信中是這樣寫道：「Facebook仍在使用收集到的大量關於年輕人的資料」，[17]「這樣的作法尤其令人擔憂」信中繼續寫道，因為這可能代表例如「減重廣告可能投送給開始有飲食障礙的青少年，或是廣告投放給『正處於』心情易受影響的青少年」。

雖然Instagram是主要的罪魁禍首，其他平台也以類似的商業模式運作。例如TikTok網紅正分享像是注意力不足過動症（ADHD）、焦慮和憂鬱等心理健康情況的檢查表。[18]此趨勢引起掠奪性公司的興趣，這些公司正教導年輕人如何自我診斷心理健康問題。當這些公司這樣做了，你猜會如何？沒錯，他們對年輕人推銷昂貴的治療當作解方。

我們當然可以指著智慧型手機，說「這就是社群媒體傷害青少年的方式！」但這樣的指控並沒有幫助我們了解Facebook為什麼無法傾聽內部研究的嚴重性，以及儘管有傷害的證據，但整個產業卻集體大聲抵抗改變。為了瞭解此現象，我們必須聆聽內部人士所言。根據Facebook的一名研究員說，該公司沒有人對研究結果採取行動是因為必要的改變會直接阻礙「人與他們的紅利」。[19]我認為這是對我們現況最為簡潔有力的解釋。

你知道嗎？我無法對祖克柏、桑德柏格，或任何有能力影響社群媒體演算法能與不能推送廣告給誰的人感到生氣。他們做生意與過生活的方式即是他們本來該做的。當社群媒體讓我們與社群裡的人產生連結，這就有重大的人類價值。但是倘若我們堅持活在一個需要更多成長，多過我們人類為了連結與安全所需要的經濟體系之內，我們就無法對高階主管最終將利益擺在之前，而將能提供真的改善用戶生活的平台放之後一事感到憤怒。這是優先順序的問題，以及我們選擇給予特權的優先順序種類。

如果我們能正視事實，那顯然問題是為什麼Facebook的商業模式應該與在此經濟體系內的其他公司不同呢？為什麼它得要在意我們？Facebook、TikTok與所有像他們一樣的平台並不是憑空出現，而是由供給面經濟選擇而來，此經濟體系已將電視廣告能擠出的最後一點利益取走，而需要更大、更全球性、更能夠操縱使人繼續消費的工具。

今日對完美主義的著迷，有很大部分源自於無所不在的社群媒體應用程式。但是從此提出只要關掉所有的應用程式，我們對完美主義的著迷就會消失不見，我認為這樣的結論是錯誤的。我們的經濟需要我們不停的關注與支出，因此它會不停尋找另一種讓我們持續質疑自我並想要更多的方式。只治療症狀是無法治癒疾病的。

問題是我們到底要怎樣瀏覽社群媒體，才能避免其掠奪性元素呢？

要回答這問題很棘手，因為拒絕參與是最萬無一失的逃生通道也是目前最難做到的。研究顯示一天減少使用社群媒體一小時，將大大減少憂鬱與焦慮的症狀並增加幸福感與健康，[20]因為如此一來能讓我們能將時間留給其他讓生活變活躍有趣的活動。

這並不代表社群媒體一定不健康，而是要節制使用，要用對目的，像是社群、共享興趣，以及幫助我們促進現實生活的關係。

那麼試試看盡可能將時間花在現實生活取代用在應用程式之上。走出來進入大自然、信念、藝術與社會和政治倡議的生氣勃勃力量之中。讚嘆生命的驚奇、這個寂寞星球，以及居於其中的所有人類、植物與生物。這確實聽起來遠比廣告商與上相網紅的陪伴還來得有吸引力。

沉浸於真實世界奇觀的時間，吸取、聆聽、學習與關懷等，都比起任何我們能用畫筆畫出的東西還能帶來歡樂。這讓我們與人性合而為一，讓我們更靠近自己、更貼近環境。這也讓我們不再透過相機鏡頭觀看周遭世界。當我們不再與環境相對，而是處於平等地位，反省自己（不）在做什麼或（沒）看到什麼的衝動很快就會消失。我們變得更為腳踏實地，能貼近欣賞生命本就不可思議的奇蹟。

這也就是為什麼有時放下手機，在真實世界靜靜地與自己和自己的感受相伴真的沒什麼。

離線與他人待在外頭的世界裡，對我們的生理與心理健康有數不清的益處。研究顯示在外頭閒晃，尤其在不熟悉的新地方，對健康很有助益。[21]例如最近一份研究裡，心理學家凱薩琳・哈特利（Catherine Hartley）發現人們在任一天裡到新地方遊蕩閒晃決定了他們接下來的快樂程度（但並非反之亦然）。根據一份廣泛調查，在大自然裡四處走走的其他益處包括「增進注意力、降低壓力、改善情緒、降低心理疾病的風險，甚至提高同理心與合作能力」。[22]

然而最重要的是離線時間對於突破完美主義至關重要。因為遠離超現實的社群媒體，超越匿名追蹤的巨大冷漠感，走到真實世界裡有真實的人與真實感受，到處皆可見能夠提醒我們是很重要的、我們是非常重要的事物。[23]

二〇一五年，Instagram網紅埃塞納・奧尼爾（Essena O'Neill）做了件讓該產業震驚的事情。她因厭惡而離開該平台，解釋說她有數十張構圖細緻、燈光美又毫無瑕疵的精瘦、健美又歡樂的自拍背後有企業贊助、審查與修飾，只為了獲得最多的按讚數和分享。離開之前，奧尼爾在照片下方的文字說明處留下一些給粉絲的話。她在其中訴說身為網紅充滿焦慮經歷，像是天一亮就起床，離開家很遠，花了數小時擺姿勢，數百張照片到最後只留下一張或兩張能分享的。她在每張照片裡都不開心，一切都是假的。

奧尼爾除了那些話之外，也在YouTube上傳了一支影片。[23]她對著鏡頭，看起來很疲累，顯然心煩意亂。你會看得出來她應該良心煎熬了一陣子。她說：「社群媒體是項生意，倘若你不認為這是種生意行為，你就是被騙了。」她直視鏡頭，明確告訴觀眾：如果你正追蹤某些人，而這些人有很多粉絲，「他們在推銷商品，他們有收費」。

她說：「我做的每件事都是經過人為安排編輯，為了獲得更多價值、更多點閱。」

尤其當奧尼爾談及心理傷痛時，讓人看的很不忍心。她說：「我讓自己被數字定義。我只有在有更多追蹤粉絲、更多喜歡、更多讚美時，才會覺得自己很棒。」然後，啪一下子就不見了，好像關注一點都沒有意義，好像從來都沒有人在意。不管追蹤人數驟升多高，奧尼爾忍住眼淚說：「不管怎樣都不夠。」她活在孩童時期的夢想之中，卻發現自己困在不可能達成的期待惡夢裡。「我不想說自己有憂鬱或焦慮傾向……但我確實有非常非常多這樣的症狀。」

「當你讓自己被數字定義時，你其實是讓自己被不純粹、不真實的東西所定義。」奧尼爾說她的孩童時期都在「想著我會是網路上的完美人物」，然後整個青少年時期都在「社群媒體上證明我的生活，讓自己夠完美，能成為那個完美之人」。這是很費力的生活方式。她解釋：「我每天做的每件事情都是為了成為網路上那完美的人。我們會拍吃東西的照片、沙龍照片，還有YouTube上仔細剪輯過的影片。我用能力所及做了所有一切，只為了向世界證明，嘿，我很重要、我很美，以及我很酷。」

她提問：「那算是生活嗎……照相只為了得到喜歡與讚賞？這不是生活，這不會讓人快樂。」

不是每位年輕人使用社群媒體的方式都跟奧尼爾一樣，但有人這樣做就夠讓我們緊張。超過三分之一的小學生與超過半數的中學生說，社群媒體是他們被迫用盡各種方式追求看起來完美的原因。[24]根據最近一份民意調查，高達九成的美國年輕人說如果有機會就會想當網紅。[25]他們對網路認可的需求即是為什麼我們得要仔細聆聽奧尼爾所言，因為她基本上是在說利用社群媒體的數位認可象徵當作是自我價值的證據會帶來嚴重後果，尤其是那些成功擁有網紅名聲的人。

我不知道莎拉是否有追蹤奧尼爾，但她確實有奧尼爾過去生活的數位特徵。在那些濾鏡與美化之中，那些經過後製的過著最美好生活的照片，還有講述著現在很熟為人知的個人檔案故事，關於社群媒體誇大事實，關於為了獲得按讚、提及與分享的競爭，逼迫人們得要潤飾與隱藏，關於我們生活被分享與再分享到世界各地，以及關於那些完美上相影像如何影響我們無法接受我們終究只是人的故事。

每當我點閱莎拉的個人檔案，看到許多人按讚，我都會想到埃塞納．奧尼爾。然後我會想到卡倫．荷妮。我想著她會如何看待社群媒體，因為無庸置疑的是她必定對此有非常多看法。我想像她坐在最愛的椅子上，抽了根菸，手端著一杯紅酒，臉上帶著一抹苦笑。你可以從她在一九五〇年代對文化矛盾的觀察直接拉一條線到現代，好似她已預料到社群媒體的到來，不知怎的她就是知道尚在發展、野心勃勃的消費者文化最終演變的方式。

即便如此，她必定會對社群媒體的絕對力量感到驚奇。她會說社群媒體展現了長久以來永遠不足的困境，將之帶到我們沒見過的層面。這些設計會令人上癮的平台讓我們按照不可能達成的完美標準衡量自己，並以最容易操縱我們的方式進行，即讓我們易受廣告商的擺布。

卡倫．荷妮倘若還在世，她必定會讓我們對於此刻的情況有更多了解。她會教我們社群媒體藉由我們想像的不完美傷害自己、質疑自己，並以損人利己的內在衝突分化彼此。她也會教我們為什麼我們總是在社群媒體之內感到不足的原因，同時也是我們在社群媒體之外感到不足的原因，這樣一來能幫助我們感到較不孤單。因為我們的經濟病態地依賴競爭與成長，以及出現在各個層面的社會說服式廣告，這讓競爭與成長建立在我們的不滿足感之上。

有非常多的證據可以證明，而我在前兩章已經提供了其中的許多證據，但不能停於此處。倘若我們真的想了解完美主義，尤其是社會導向完美主義快速上升的原因，就不能侷限於廣告業，眼光得要放寬。因為我們的經濟不只要求我們質疑我們所擁有的、看起來的樣貌，同時也質疑我們是否有付出足以符合我們所屬社會等級的努力。

第九章 你的努力還不夠

或功績主義如何在學校與大學間確立新的完美標準

完美主義是功績主義典型的弊病。

美國哲學家 麥可・桑德爾（Michael Sandel）[1]

在我家鄉裡，很少有孩子能成為學術界的菁英。事實上，根據英國政府社會流動委員會（Social Mobility Commission）的統計，整個英國的地方政府，社會流動性比我家鄉韋靈伯勒還更差的只有一地。[2]政策制定者將那裡喚做「冷區」（cold spot）。我想這是「生在這啊，祝好運！」的禮貌講法。

其實這一點根本不需勞煩一個高級委員會來說明。大多數和我一起上學的孩子，包括我自己在內，對課業都不特別有野心。這麼說不是因為我們不夠聰明或資源不足，而是根據我們自身所見所聞：組合式的校舍嚴重年久失修，老師又太過疲憊，整堂課只是照本宣科地唸教科書給面無表情的學生聽，至於家長則沒時間或力氣來協助孩子複習或做功課。

上述的事實沒有一件能激起孩子的學習熱情。我求學時期的朋友中很少有人上大學，大多都是直接進入職場。如果要我猜的話，我會說高中和我同屆的兩百名學生裡，或許只有另一個、也許最多其他兩個人擁有碩士學位。

這裡的大家都說真正的專業知識，要從人生的學校獲得。在夜店狂歡到凌晨，早上八點就打卡上班，用力在水管鑽洞，然後再用水泥封口，或者站在鷹架上一個不穩摔個倒栽蔥、再被震耳的訕笑聲給淹沒。沾滿灰塵的教科書頁裡學不到這些，當然從某位留著鬍子、有著高尚思想的教授那更學不到這些。問問莎拉、凱文、伊恩或者任何一個和我一起上學的人為什麼不去拿個學位，以上都是他們毫不遲疑會給出的原因。

我內心深處大部分的想法都和他們一致。普通的勞動民眾（算我一份）對受過良好教育的人有一種內在的反感。現代社會的道德判斷是：那些在頂端的人所處的位置是他們應得的，而偏偏那些在頂端的人幾乎都受過良好教育。前輩每每告訴我們，只不過需要多讀點書，但他們其實想說的是：你們的掙扎不是我們的失敗，而是你們自己的問題。巴拉克．歐巴馬曾對紐約一所高中的學生說：「如果沒受到良好的教育，要找到一份支付基本生活費的工作都很困難」。[3]

英國自家的自由派代表東尼．布萊爾（Tony Blair）也有過類似的觀點：「教育、教育、教育！」公平地說，布萊爾和歐巴馬這兩位都用了相當巨額的投資來支持他們的言論。布萊爾強力推動教育前，我不曾考慮過上大學，直到他提出各種獎勵措施來鼓勵持續學習，我才有了機會。然而，現在這些獎勵措施以及大部分其他形式的社會支援都因緊縮政策這最可疑的幌子而被削減。所以我想，要說我是幸運兒之一也可以。儘管當時我的成績很糟、沒有大學基金或父母支持當靠山，我仍能夠在最近的師範學院就讀。

對於這個機會，我當時非常高興。

如今我卻不太確定是否還能做出同樣的抉擇。事實上，我相當確定如果我出生在一九九〇年代或二〇〇〇年代，我不可能走得像現在這麼遠。今日，收入分配最低20％的家庭中，只有不到2％的大學畢業生能夠晉升到收入最高20％的階層。[4]我承認，這樣飛躍的晉升未免太有野心，但即使是小幅的晉升也很罕見。最近的一項研究顯示，只有一成工人階級的大學畢業生在社會階級上晉升超過兩成。[5]這些統計數據與所有畢業生和年輕人普遍向下流動的趨勢如出一轍，他們必須花更長的時間學習、更努力工作、賺更多的錢，才能維持與父母相同的生活水準。

美國經濟學家麥可．卡爾（Michael Carr）和艾蜜莉．韋默斯（Emily Wiemers）對《大西洋月刊》說：「不論你的教育背景如何，你的起點對於你的終點愈來愈重要。」卡爾和韋默斯利用「美國人口普查局收入和計畫參與調查」（US Census Bureau's Survey of Income and Program Participation）的數據指出，近年來，年輕人之間的社會流動性整體呈反向趨勢。「起點就是終點的機率上升了，而從起點向上移動的機率則下降了。」卡爾說道。[6]

我們被教導在校就是要認真學習。但很少有人告訴我們為什麼到了二〇二三年，學士學位感覺就像是新的高中文憑。或者說，除了羅素大學集團和常春藤聯盟（Ivy League）之外，為什麼教育對那些勤奮學習的年輕人來說，提供的幫助愈來愈少？年輕人一旦畢業，會發現根本沒有工作，或者沒錯、是有工作，但這些工作不穩定且薪水微薄。這項發現真讓人困惑，但更讓人困惑的是：普遍的邏輯不是認為教育是偉大的社會制衡器嗎？教育不是一艘讓所有買票上船的人都能安全跨越階級鴻溝的宏偉巨船嗎？

也許過去情況有所不同，也許以前教育真的是擺脫困境的出路，我不知道。我知道的是，如今在強力推動教育的背後，這個普遍的邏輯感覺愈來愈難以與冷酷現實抗衡。因為在任何收入分配中、特別是我們高度傾斜的分配中，百分比的頂點永遠只能有一個，而大多數人不會在其中。事實上現今美國人實際工資的購買力與四十年前的工資購買力大致相同[7]，所以如果不全面提高工資，那現在做的不過就是培養出愈來愈多負債的畢業生，再把他們填塞進擠爆的中產階層，而讀大學的附加價值也被切分的愈來愈薄。

待我終於想通了這一點，正是讀大學的最後一年。我能感受到壓力，因為我的房東連續兩年提高了租金。我瀏覽求職網站，茫茫然不知所以地閱讀著初階工作的入職標準，同時驚恐地看著自己累進的債務螺旋向上、不斷疊加。

那一刻我意識到：**只為了維持現有的基本生活水準，我得要在這個世界上很努力打拚**。我也意識到了另一件事：若想攀登社會階梯，我要超越的不只是那些比我更聰明、更有特權的人，我還必須超越一個配備不良、連自己製造的畢業生數量都容納不下的經濟體系。生活就是一場大比拚，我感覺已然落敗。

我如果有想法類似的朋友可以分享，這些感受也許就不會是這麼大的障礙。但是生活在這樣一個激烈比拚的世界、尤其是現代大學這個高度競爭的競技場，我不想被出身限制、不想總感覺比別人差，當務之急也只有藉由追求高於平均水準的成績來確保我的未來。心理學家稱這種義無反顧為「早閉型認同」（identity foreclosure），也就是當我們完全專注於外界施加的狹隘目標會發生的情況。當我的認同只圍繞在學術指標上、排除了其他可能，我的整個自我價值也就都和自己能為這些指標有多努力綁在一起了。

那是一種徹底耗損的生活方式。但一路若是順風順水，也能走得頗遠。我以優異的成績拿到大學學位後，接著寫了一篇有關運動心理學的碩士論文，然後進入里茲大學（University of Leeds）攻讀博士學位。在這裡，我持續秉持敬業樂群的價值觀來證明自己。

可以說，這段時期的人生坐在駕駛座上的人並不是我。我是名乘客，坐在一輛高速行駛的車上，這輛車的目的是要把我打造成一名完美的學生。回顧過去，我能理解自己後來遭遇的心理健康問題是那時的自我疏離產生的症狀。

我當時防禦心很重還很困惑。我不知道自己是誰，也不知道自己真正想要什麼。那麼多地方，我為什麼偏偏在這？我還是那個來自韋靈伯勒身無分文、長不大的孩子嗎？我還是那個雙手撐在汽車擋風玻璃上、往車內看到閃閃發光的旋鈕就會很興奮的孩子嗎？或者，我是那個摸著下巴思考、穿著開襟毛衣、開始參加結構方程模式研討會的知識分子？我骨子裡知道，我不是自己想成為的那個人。但我也知道，如果我要在一個充滿惡意的競爭文化中生存下來，而這個文化恰巧又崇尚過度的成就和文憑證照式的成功，那麼為了「成功」，我就一定要偽裝。

在那段時期的人生裡，內心的罪惡感和羞愧感都讓我窒息。這也促使我竭盡所能地確保自己把每個清醒時刻都花在閱讀、寫作和修改上。我一開始攻讀博士學位時就要求自己一定要是第一個進研究室、最後一個離開的人。我每週固定工作八十個小時，這件事還要讓每個人都知道。我在大清早和深夜上床前都會給我的導師發送電子郵件。我在聖誕節那天論文寫了一千個字，對此我頗感自豪。

沉浸在追求卓越的病態需求中，我留下一道毀滅的軌跡。我遠離人群、變得易怒，對其他學生的成功和失敗極度敏感。社交脫節加上自我施壓對我的身心健康造成了無聲的傷害。這種傷害演變成一種輕度憂鬱，後來爆發成廣泛性恐慌。

就像一座沉睡的火山突然被喚醒，我潛藏的完美主義花了一段時間才終於爆發。不過就在那裡，我試圖在那所頂尖大學的選拔溫床中存活下來，同時承受著心臟痛和生活壓力，而且無論走到哪裡都伴隨著一股讓人癱瘓的自卑感，毫無疑問，我是一位大會認證、完全合格的完美主義者。

無論以何種方式，我將用餘生來承擔這些後果。

我們必須時時刻刻地過度消費，因為我們生活在一個依賴過度成長的經濟體系中。正如第七章探討的那樣，這種要求的結局就是毫不留情、持續轟炸的文化洗腦，每台液晶電視、智慧手機、廣告看板、海報都在告訴我們，生活就是一場盛大的派對，每樣東西都有相應的產品，生活隨時可以升級、變得更加完美。

然而我沒提到的是，這場派對邀請函背面的小字裡藏有一個重要條款：天下沒有白吃的午餐。必須清算帳目。當然，你可以也應該永遠且不受限制地擁有一切。不過該死的，前提是你要先「成功」，才能贏得支付的權利。

職業道德、競爭力、個人動力等這些是供給派經濟學所依賴的基本信仰體系。根據理論，這些體系的擴大將帶來經濟活動的巨大浪潮，同時也會帶來更好、更便宜的產品和服務，生生不息。這在道德上也是正確的，因為在這股浪潮中，乘風破浪或向下沉淪的區別都取決於個人。如果你很窮、運氣不好、很疲憊，或只是覺得有點低落，都是你個人的問題，你得負責去解決。每個人都要對自己負責，人只要夠努力，就可以自由擁有任何想要的東西、成為任何想成為的人。

現在，有些人認為年輕人對我們經濟中的「努力打拚條款」不太有意識。或者更準確地說，他們沒有被告知要意識到這一點，因為父母、老師、教授總把他們捧在手心上，生怕他們遭到絲毫的不便或不適。這樣的看法並非無的放矢。隨著期末考試的逼近、我那些學生也快被逐漸增加的壓力壓垮，這時偶爾就會收到學生父母莫名其妙的電子郵件，要我給他們的心肝寶貝最後一次延期。

但這種情況並不普遍。實際上，根據我的經驗，這類請求實屬罕見。大多數年輕人對現代社會的「擁有一切派對」邀請函上那一小行的「努力打拚條款」都有很深的認識。他們之所以被動意識到這一點是因為我們所處的這個文化早把成功與失敗，即高階與低階，裹在功績這件道德外衣裡了。

在這種我們稱為功績主義（meritocracy）的制度下，你必須不斷證明自己。規則非常清楚，而且從你童年時期就毫不手軟地開始訓練。認真唸書，累積一堆證書，最好是學術認證、學位、檢定證書等等，然後以最高的價格在就業市場上出售。證書的價值越高、賺到的錢就越多，就能買到更金閃閃的東西來標注自己的地位。

最優秀和最聰明的人將獲得獎賞，誰都不會有意見吧？我想，對於像我這樣富裕、有教養的專業人士來說，功績主義感覺確實很公平、很合理，說一是一地給了我們各式各樣豐厚的報酬和受人吹捧的地位。但當然，並不是每個人都能站在獲勝的一方。實際上，隨著社會的頂端變得愈來愈窄，大多數人都會失敗。那些我們很客氣地稱之為「落後」的人，功績主義給了他們很不一樣的結果：年年減薪、債台高築、無法租屋，或者是靠最低工資生活等的種種屈辱。

哲學家艾倫．狄波頓（Alain de Botton）寫到，功績主義「在掙扎的傷口上」還加上了「對羞愧的侮辱」。[8]

但問題是：這不是真的。所有那些羞愧都是在追求一個騙局時被召喚出來的。功績主義實際上只是社會的一帖安撫劑，而不是實現社會流動的工具；它是一種閹割手段，透過將富人與其他人之間本該有的可笑差距變得無害，好延緩一場全面的階級革命。

其運作原理如下。菁英可以站在勝利者的頒獎台上、朝彼此的臉上噴灑香檳，都要歸功於他們的財富和地位。他們擁有更多、賺得更多，因為他們理應得到更多。同樣地，為「應得報酬」辯護意味著，他們對於種種讓財富和權力天平斜向自己的作為也可以假裝都和自己無關。我們生活在講求功績的社會，菁英為自己贏到貴賓席的位置，他們當然會確保自己的兒女也坐在旁邊、享受同樣的美味佳餚，而那些「不應得」的大多數人則為了殘羹冷炙而相互廝殺。

根據樂施會（Oxfam）的調查，頂級菁英的財富大約有三成來自繼承。另外三成來自與政府的關係。其餘大部分來自財產（商品、金融工具、房地產等）的收租。[9]真是名副其實的錢滾錢。

從我們這些人的角度來看，只要這個主義能提供一個宏偉敘事來撥弄我們內心那個短暫感到困窘的億萬富豪，我們就會接受這種將封閉特權稱為「功績」的信仰。我們告訴自己，辛勤工作總有一天會得到回報。我們活在功績至上的體制、可以贏得自己在貴賓席的位置。我們不是嬌生慣養、當然也不會不想工作。如果我們抱怨，可能是因為我們正在揭露這場騙局，我們想知道為什麼自己在一個暗箱操作的經濟體系裡拚死拚活，換來的報酬卻愈來愈少？

很快，功績主義將無法再用真實世界的證據來反駁，愈來愈多的人開始看到煙幕下的本質。事實上，社會動盪的漣漪逐漸在西方蔓延開來，英國的脫歐（Brexit）、美國的川普（Trump）、法國的勒龐（Le Pen）、義大利的梅洛尼（Meloni）等皆顯示一切已經發生。

然而，比社會動盪更重要的是功績主義對人的心理所造成無法估算的傷害。因為這種傷害影響到每一個人，也許尤其是影響那些富人。全靠自己努力打拚而功成名就的暖心故事無疑是激勵人心的演講素材，但這些故事的敘事線只有在人們能夠看到和體驗到上升的機會時，才會轉向令人滿意的結局。不然，這些故事可能也只是對新世代的人所開的殘酷玩笑，而新世代的他們也正逐漸意識到自己才是笑點。

這是有記憶以來，第一次年輕人的社會流動是往下的。在頭重腳輕的壓力下，他們的經濟瀕臨崩潰邊緣，政府毫無作為、外面的機會變少、負擔卻更多，特別是債務增長。面對這樣的環境，功績主義產生了嚴重的反效果。因為它並沒有放我們自由去攀登社會的階梯，而是把我們困在一個無法喘息的狀態、無止盡的奮鬥，不停追求一個愈追愈遠的理想生活標準。

在討論功績主義與完美主義的之間的關係前，我應該先澄清一件事。雖然和我一起長大的人，像是莎拉、伊恩、凱文等人，被廣告中完美主義的幻想深深吸引，但他們通常都沒有因為功績主義帶來的壓力而受到嚴重傷害。或許他們會因為沒有足夠的資源獲得學位而間接地被某類型的專業人士瞧不起，但是說到火力全開的學術分類機制時，他們大致逃過了功績主義有害競爭中更侵略的過度行為。受影響最大的主要是那些來自社會中、上層階級、受過良好教育且富裕的家庭的後代。

我之所以知道這些是因為離開養大我的工人階級社區後，便親身經歷了功績主義排山倒海的壓力。從我離開韋靈伯勒到三十歲進入倫敦政經學院（LSE）成為一名還算成功的教授，這個過程已經把我淬鍊成一名中產階級認證的效忠成員。而從這個前哨站目睹的一切都衝擊到我的三觀。我教授的年輕人大多來自富裕的家庭，為了高人一等，他們經歷著難以忍受的壓力，這種壓力幾乎在他們一離開搖籃就開始了。到了遇到我的時候，他們打從心底相信功績主義和物競天擇相似，而這種看法在進入頂尖大學、和最優秀的人打交道時只會更加鞏固。

但他們能做的大概也只有「達標」了。二〇一八年，美國的慈善機構羅伯特伍德約翰遜基金會（Robert Wood Johnson Foundation）進行了一項對青少年幸福感的審查。[10]他們想知道在心理疾病不斷增加的背景下，持續危害年輕人健康幸福最迫切的因素是什麼？我們通常會聯想到這幾項典型的壞處，例如貧困、創傷、歧視。但研究人員一次又一次地觀察到年輕人面臨的是另一種風險，這次折磨的是相對優勢的年輕人。

是什麼風險呢？追求卓越的龐大壓力。

對於就學的年輕人來說，當然指的就是在校成績優異的壓力。美國大城市的學校中，從學前班到十二年級結束，總共要考超過一百次的試。[11]而且，彷彿怕壓力不夠，一些學校的行政人員還會公布考試成績、在網路上供大家查看，這樣年輕人和他們的父母就能做比較。[12]再說說有害競爭。年輕人幾乎是從踏進學校大門的那一刻起就已經暴露在不停評量的壓力下了，而這樣除了會引發成績焦慮、競爭心態，還會造成把自我價值普遍建立在學業評量的指標上。

教師為了確保學生得到好成績，學生的家庭作業照慣例每晚都要寫個兩到四小時。美國某些地區甚至聽過要五小時。[13]老師出這麼多作業是因為：一、學生需要，二、家長要求，三、學校風評好不好，看的是大學的錄取率。老師如果不逼學生，他們就得承受失去頂尖大學名額的風險，不僅他們自己面子掛不住、學校面子也掛不住。

而學校要擔的風險從來沒有像今天這麼高。過去二十年來，頂尖大學所有申請人的平均錄取率從30%下降到不到7%，[14]有大約75%的高中生和大約一半的國中生表示他們常常或總是感到學業壓力很大。近七成的學生表示他們常常或總是擔心能否進入他們理想中的大學。[15]

這種壓力在美國心理學家桑妮亞・路薩（Suniya Luthar）的研究中也得到印證。她的調查顯示，學業壓力會造成情緒困擾，而這種困擾在相對富裕的青少年中最為嚴重，由於他們更為積極準備頂尖大學的入學。[16]她還觀察到，這些青少年和處境相對劣勢的同齡人相比，濫用藥物和酒精的比例更高，他們的憂鬱和焦慮比起同齡人要高出三倍之多。社會學家丹尼爾・馬科維茨（Daniel Markovits）直言不諱地指出他們的困境：「曾經的貴族子弟沉醉在他們的特權中，現在的菁英子女卻在算計他們的未來——通過精心排練的自我呈現儀式，在野心、希望、擔憂的熟悉節奏中布局、策劃」。[17]

社會期許完美主義恰好象徵這種功績主義的弊病。透過永無止盡的評量和考試，以及一個非常公開的篩選、分類、排名的連鎖過程，年輕人被教著要去理解，功績主義內建的過度壓力不過是萬物的自然秩序。他們無論喜不喜歡，都必須不斷和別人比較。他們還得去理解，總有更多的書要苦讀、更高的目標要設定、更離奇的分數要打破。這種追求卓越的文化讓人仰賴自己努力的結果，弄到最後就會變成用非常嚴格且狹隘的完美A來定義自己，其他什麼都不算、只有完美A才算數。

最近的世代愈來愈傾向以完美為標準來衡量自己，而研究似乎也支持這個觀點。例如二〇一七年一項針對加拿大青少年的調查發現，55%的小學生和62%的高中生表示他們的學業要達到完美。[18] 加拿大心理學家特蕾西．瓦蘭科特（Tracey Vaillancourt）則更進一步的研究，花了六年時間追蹤高中生追求完美主義的程度，發現大約有近七成的學生至少有中等程度的自我導向和社會期許完美主義。這種程度已經夠高了，但瓦蘭科特的數據顯示，隨著學生進入大學甄選的關鍵階段，要求完美的程度還會更高。[19]

若是一定要從這些數據得出結論的話，那就是學校體系正在教育年輕人，如果想通過大學甄選，完美的成績不僅僅有會很好，而是絕對必要。

待這些出色的年輕人在大學碰到我時，他們已經從學校的分選機制中活了下來。但他們也已經是嚇得不輕、傷得頗重的勝利者了。他們散發的緊張感就像綳緊的彈簧線圈一樣顫動，而他們對失敗根深蒂固的恐懼和他們不拘一格的時尚選擇一樣顯而易見。如果他們企圖得到一絲喘息，肯定會大失所望。多年的學生歲月中所經歷的分級、篩選、排名、競爭、比拚並不會在他們踏入大學校園後像變魔術般地消失。相反地，這種壓力會逐漸增加。

美國哲學家麥可．桑德爾在他的書《成功的反思》（*The Tyranny of Merit*）中寫道：「頂尖大學透過招生政策煽動和獎勵成就狂熱，一點都不覺得需要收斂。」[20] 相反地，他們都十分引以為傲。例如，倫敦政經學院的學生組織、行政人員、各級系所，甚至教職員工都在吹捧其低錄取率。大學招生簡章也如實刊登這一點。「倫敦政經學院是一所高度競爭的學術機構。在二〇二一年，本院收到大約兩萬六千份申請，可供錄取的名額大概是一千七百位。這種激烈的競爭意味著，每年勢必會讓許多申請者失望，本院為此亦深感遺憾。」

儘管說者或許無意，仍透露著傲慢。這也造就出一種奇特的校園文化，這裡的學生感覺一定要給人一種成功來的毫不費力的印象，即使關起門來，他們瘋狂努力用功。這種情況也不僅僅存在於倫敦政經學院。隨便找一家頂尖學術機構的教授、輔導員或學校行政人員談談，都會得到相同的故事。例如，杜克大學（Duke University）最近的一項研究發現，學生覺得做到「游刃有餘地完美」會有壓力，因為要表現得一派輕鬆、不流一滴汗就能同時擁有聰明、健美、酷、有吸引力，還很受歡迎。[21] 史丹佛大學（Stanford）稱這種表象為「鴨子症候群」（Duck Syndrome），因為鴨子在水面上看似平靜滑行，實則在水面下瘋狂划水。

所有這種瘋狂划水的原因不外乎都是因為對成績的焦慮。這種煩惱是學校密集考試留下的後遺症，不過上了大學會變得更糟。大批的競爭對手不再只限於一起長大的人，而是一群學業成績集中分布在頂端的人、那些菁英中的菁英。每個人都很優秀，每個人的考試也都能取得優異的成績。由於無路可退，整體優秀的光環造就出一股壓力鍋的氛圍，即使取得客觀的高分，也能嗅到明顯失望的氣息。

如果一個來自佐格（Zog）星球（編註：指遠離現實或當下環境的地方或情況）的外星人被派到地球設計一所產生完美主義者的交流中心，他們會很難設計出比現代大學更好的機構。我們在第五章討論的數據清楚顯示了大學生感受到的社會壓力已經到達何種程度。但其實不用數據也能看到這一點。學生的每粒毛孔都透著對完美主義的擔憂。我的一些學生焦慮到無法動彈、甚至連打開成績單的勇氣都沒有，他們深怕一次不好的成績就會毀掉他們完美的未來夢想。

就我所知，頂尖大學在應對學生感受到的巨大壓力上並未展現出太大的效果。許多學校在最猛烈的壓力點上瘋狂倒水，卻滅不了火。最近加州大學洛杉磯分校（UCLA）調查了大一新生發現，自一九八〇年代中期以來，覺得壓力太大的學生比例已經飆升至六成以上。[22]另一項美國大學健康學會（American College Health Association）的調查發現，感到極度焦慮而通報的大學生比例從二〇一一年的50％上升到五年後的62％。[23]

英國也面臨類似的問題。心理健康基金會（Mental Health Foundation）最近的研究發現，令人驚訝的是，有83％的十八至二十四歲年輕人覺得不堪重負、無法應對外界的壓力。[24]英國的大學和美國的大學一樣，學生輟學的情況也在增加。[25]由於政策的關係，重新註冊變得不必要地困難（更別提昂貴了），對於那些只是想休息一下的人來說壓力還會加劇。完美主義不僅根植於現代大學的原則和實踐中，更深深地銘刻在學生群體的心靈中，他們必須試圖在出類拔萃、害怕失敗和惡毒競爭的文化中尋找出路。

實在很想告訴年輕人要減少壓力、忘掉成績、專注自我發展與成長。這些建議都很不錯、也確實都很有用。但在一個成績至上的教育體系（成績好壞直接影響生活機會）中，告訴年輕人稍微放鬆一點就像是要求一個被快速球擊中身體弱點的人不要飆髒話一樣。根本沒有其他選擇：如今的學生必須沒日沒夜地埋頭苦讀、承受更大的壓力，還只是為了保持在原位（更別說登上學術階梯了）。他們需要的不是教人如何以更堅毅、更有韌性或成長的心態來應對追求卓越的壓力，而是在一套全然不同的規則下接受教育。

先撇開我剛才說的一切，上述的那些規則絕對應該建立在功績主義的基礎上。一個多元、有活力、繁榮的社會要為每一位年輕人的技術、才能、獨創力構築一條得以開花結果的道路。但實際的情況並非如此，對吧？我們有的是一場給富人準備的達爾文版的飢餓遊戲（Hunger Games），給其他人準備的則是跑在富人後面、漆上偉大美國夢™（American Dream™）的特洛伊木馬。與其這種冒牌的功績主義，不如擁有真正的功績主義，在這裡的每個孩子都有接受良好教育的自由，也能為自己選擇一條有意義的人生道路，無論那條路是什麼。

學校教育在這樣更開明的規則下，就不會因應市場需求把學生分類、篩選、排名，而是給予我們所有人，無論起點為何，實現選擇自主、尊嚴和負責的生活所需的工具。為了達到這個目標，每所學校都需要得到足夠的資源，付給教師的薪水也必須合理，這樣他們才能提供全方位的優質教育。教學的重點應該放在發展、探索、學習上，必須減輕考試負擔，以避免像成績、分組、排名等等這些徒有其表的傑出的定義，進而影響孩子看待自己的方式，尤其是在教育的早期階段。

芬蘭提供了一個這種學校教育的範例。芬蘭的孩子七歲之後才正式開始學習。七歲之前孩子待在幼兒園，只管顧著玩耍、探索、創造就好。芬蘭學生上高中後，在教室的時間只有美國學生的一半，每小時課堂有十五分鐘的休息時間。他們除了閱讀、數學、科學國際學生能力評量計畫（Programme for International Student Assessment, PISA）之外，沒有標準化測驗。儘管如此，他們每一項指標表現得仍然比美國學生出色。[26]

如果需要證據的話，芬蘭就是證據。芬蘭證明學校教育不必成為孕育完美主義的溫床。教育可以再放輕鬆一點、去蕪存菁，留下最基本的考試就好，與此同時還是能讓孩子獲得他們需要的技能，為社會做出有意義的貢獻。

這種結構性專注於重視學習和發展而非結果和指標的教育模式也必須擴展到大學。現代大學的每一件事都逃不開測量：入學門檻、學生出席率、成績（包括期中評量和總結評量）、師生比例、教學評分、學生滿意度、學生開銷、研究成果、研究品質、影響力、多樣性等等。近年來，甚至出現用畢業生的薪資高低來決定大學排名的趨勢。這種情況必須停止。大學不是爭取聯賽排名的足球隊，而是教育機構。大學的存在是為了創造、傳遞、分享知識。而這些知識的獲取應該是一項基本權利，也就是說，應該免費，就像歐洲一樣。

另外，大學入學還需要有更多的管道、更少的壓力。入學應該少點競爭、學習體驗也不應該佔據全部時間，即使在「頂尖」學校和大學亦是如此。學術機構在擴大招生的同時必須擴大招生範圍，以確保講堂人數增加時不會有學生失去學習機會。這可能聽起來在財務上需要付出很大代價，但重要的是把這些擴展視為一種投資，而不是一種損失。從長遠來看，把錢投資在擴大教育機會上絕對物超所值，因為社會將因受過良好教育的人所作出的貢獻而得到回饋。

確實，社會的每個階層都有受過良好教育的人，社會自然會繁榮興盛。一個社會在藝術、科學、思想、職業，包括哲學家、化學家、畫家、工程師、建築師、程式設計師、教師等各方面愈是傑出、多元，其樣貌就會愈加光彩奪目。將教育市場化、不重視教育，或者更糟糕，只把教育留給有能力付費的人，那麼每個人都會受累。從許多方面來說，高等教育是社會最終的制衡器。如果管理得當，就能擁有一個廣義的功績主義，這樣才不會把追求卓越的無情壓力施加在那些有幸「達標」的學生身上，他們爬得愈高，壓力也隨之不斷增高。

換言之，整個教育界需要徹底改造，這樣就不需要非常出色或有錢才能得到特殊的待遇。教育機構一旦穩定且有足夠的資金，每一位學生都能掌控自己的生活，也能掌控自己所做的決定產生的後果。這種掌控感提供了一個平台，讓我們能夠在生活中尋找意義，以忠於自我以及對他人和整個社會最有用的方式來發展自我才能。簡單來說，真正功績主義的教育不會要求年輕人凡事做到完美，只會要求他們擁有熱情和自由探索的好奇心來帶領他們朝向前方那個真正屬於自己決定的目標邁進。

每當我看到學生在追求卓越的壓力下掙扎時，我就看到了自己。我看到小心翼翼隱藏起來的瘋狂努力，因為我也曾如此。我感受到對於產出高於平均成績的迫切需求，因為我也有過這種感受。我能理解為了確保更美好的未來而拚命想要超越他人，因為這也是我當初的動力。每一位來敲我門的學生都能獲得我同理的傾聽。但徒有同理並不足夠。

年輕人從中學畢業帶著追求卓越的壓力走出校門。進了大學，這種壓力會因為激烈的競爭和嚴峻的出類拔萃文化而被放大。有人說，這種文化對完美主義、自我形象相關疾患與精神困擾來說，就是一場完美風暴。[27-29]我認為情況比這還要更糟。風暴意味著我們可以預見危險即將來臨，或者至少知道何時處於風暴的中心。功績主義不同，因為它在我們的文化中得到全方位且無所不在的強化，這意味著它會帶給受害者的破壞力大都被隱藏起來了，但矛盾的是這些受害者卻是功績主義最熱切的信徒。

試著想像一下，有哪位總統或總理在談論功績主義時不是一副狂喜的狀態。我們的記者、政治評論家、經濟學家讚嘆功績主義。我們的商界領袖、體育明星將他們的成功都歸於功績主義。所有的影視作品也都在講功績主義。鏡頭外，富人郊區裡的那些家長正在捧著功績主義打造的金杯暢飲，這也是為什麼他們會如此熱衷地把小孩子往大學裡送。

上述的民間傳說之所以可以源遠流長的部分原因是，它跨越了所有階層。功績主義是一個大敘事，基本上傳達：我們是一群愛好自由的個體，而這句話暗示：無論你從人生的哪個起點開始，只要努力、就能成為下一個傑夫·貝佐斯（Jeff Bezos）或理查·布蘭森（Richard Branson）。這裡沒有所謂的不平等，有的只是個體之間的競爭，有些人更努力、自然比別人做得更好。

我們打從心底裡知道，那不是真的。但若承認比賽作弊，那就是褻瀆。整體來看，這個年頭職業道德可能沒怎麼重要；一個人如果很年輕、又窮、沒有累世財富足以傍身，就什麼都不是。不過上述的這些現實我們都不能承認。承認的話，對於體制和那些持續支持功績主義的大人物來說絕對會出事情。

因此，為了功績主義的形象，我們必須一直假裝。就像我高中的同學康納（Conor）生活在城裡最危險的社區、住的是半套的國民住宅，由一位酗酒的單親母親帶大，他和接受貴族教育的喬治（George）享受同等的人生機會。順帶一提，喬治的父母為他買下金錢可以買到的一切優勢，為了有可能得到最好的成績，還在週間晚上和週末幫他請家教。我們相當成功地維持著這種假象。因為儘管現代社會存在著巨大且還在持續擴張的機會差距，儘管每個社會流動指標都呈現相反的方向，但從二〇〇八年金融危機以來的數據顯示，相信只要努力就會成功的人數仍然上升了超過十個百分點。[30]

這裡並不是說，我們對於自己的努力只換來每況愈下的生活水準不會感到憤怒。只是，我們被制約成把對體制的不滿轉嫁到自己身上，如此一來，「不平等」這個真正的罪魁禍首就可以安然地隱藏在功績主義的神話背後。

功績主義之所以危險，正是因為它不是一場風暴，而是一個幻象。我們目眩神迷、歡聲雷動，只顧著一股腦兒地往裡頭栽。

最後一個很重要的警告。當我說功績主義把出類拔萃這個最沉重的負擔放在社會中上階層的人身上時，當然是就整體而言。這些人佔據了頂尖大學錄取的絕大多數（確切地說，大約95%）。就算有，應當也很少有人能夠真正擺脫功績主義的壓力。但這並不意味著來自較貧困社區的人沒有同樣遭到波及。事實上，羅素大學聯盟每年錄取的學生中大約有5%來自貧困家庭（牛津和劍橋有2%）。[31]儘管人數不多，這些有天份的學子同樣來到神聖的校園，與其他人一起接受功績主義的試煉。

然而，他們要遭遇的卻是排山倒海的風險，不只必須像其他人一樣奮力向上，可仰賴的資源卻還更少、遭遇的障礙卻要更多。他們即使成功克服一切，卻仍需要運氣，因為給中產階級的機會每天都在減少。隨著時間的推移，過度勞累和如影隨形的挫敗感，這兩者都會對心理造成負擔。毫無疑問，我自己與完美主義之間的戰鬥很大程度源自一種追求過度成就的需求，因為這樣可以彌補那些在社會和經濟層面日夜對我施壓的力量。[32]

而現在的問題是我作為一個窮孩子，相對來說已經很幸運了。我是千禧世代出生的人。我若是Z世代的一員，那麼財務前景會更加暗淡。根據德勤（Deloitte）針對全球Z世代和千禧世代所做的調查，33%的Z世代擔心的是生活成本，大於其他任何問題，他們當中有45%的人靠領薪水度日，超過25%的人懷疑自己能否退休過上好日子。[33]這些數字令人沮喪。但只要看看我們經濟的狀況，就能明白這種悲觀不是沒有道理。

我是一個白人、異性戀男子、英國和愛爾蘭的公民，沒有發生足以改變生活的醫療或身心障礙問題。這些並不使我與眾不同；我只是非常幸運，能夠做出犧牲，並能在毫無拖累地情況下拚命奮鬥。對於少數族裔、殘疾人和來自貧困背景的婦女來說，必須跨越的鴻溝更大，而且到處都是各種附加障礙，例如：歧視、壓迫的創傷、刻板印象的威脅等。

對於所有在現代社會中接受「成功」挑戰的人來說，功績主義讓人生變得異常艱辛。但對於那些貧困者、酷兒、身心障礙者，或者是非白人來說，更是難上加難。

我想我會這樣總結。受了良好教育的專業功績主義者在九〇年代初掌握了自由派政黨的控制權，並且開始狂打這種明顯不公平的功績主義牌時，人們就默默意識到這個體制會給那些「落後」的人帶來痛苦和絕望。他們是「不值得的」下層階級，他們的掙扎不太光彩地反映出自己不是無才、便是無德，或者根本就是無才又無德。

這些人的背景又這麼剛好都失衡地集中在弱勢群體和少數族裔上，功績主義者覺得真是不幸，也掬起大把同情之淚。但這些淚水從未延續到解決這種結構性不公平所需的徹底改革上，因為這樣做等於默認了一切都是騙局。因此，他們的回應是向貧困和少數族裔背景的孩子提供一些補助，然後宣稱這是公平競爭的場域。

所以現在的情況就是：一大群享有特權的孩子和一小群東拼西湊的窮孩子在偉大的現代功績主義中爭奪菁英的位置。對於取勝方的功績主義者，我們很難不去把這情勢看作是一場無與倫比的自肥。而且的確，這就是自肥。但他們沒預料到、也不可能預料到的是，他們的功績主義也會把痛苦和絕望加諸在自己以及自己的後代身上。

沒有人是贏家。相較於生活在一個更公平、真正的功績主義社會中，這裡的每一個人都是輸家。

年輕人若有勇氣指出這一點，往往會被貶低成脆弱的草莓族。記者、政治家甚至某些教授一致都給他們貼上嬌生慣養、過度放縱、不願工作的標籤。我認為這些都是殘忍且不實的誹謗，而且坦白說，誹謗他們的人應該更清楚知道這一點。學生和年輕的工人不是草莓，他們的脖子都被套上了功績主義的軛、每一步都走得很艱辛。他們是勇敢卻易受傷害的倖存者，在不惜一切代價成長的經濟體制和不必要的殘酷分選機器下求生存，遭受幾近崩潰的壓力持續擠壓。

遲早我們都會面對這個事實。我們需要認識到功績主義在學校、大學和更廣泛的經濟中建立的不可能的期望帶給年輕人巨大的壓力，讓他們無助地陷入完美主義的魔爪。我們得要問自己：我們還準備讓孩子承受多少這樣的折磨？

教育體系確實是向年輕人傳遞功績主義福音最有影響力的渠道，卻不是唯一的渠道。父母也在傳遞這個好消息。這也引出了另一個尚未討論的問題：父母在這一切中到底扮演什麼樣的角色？

第十章 完美主義始於家庭

或培養出優秀孩子的壓力如何影響父母對孩子的教育

孩子起初不會直接面對社會，而是透過父母作為媒介，父母在性格結構和教育方式上是社會的心理代理人。

精神分析心理學家 埃里希·佛洛姆（Erich Fromm）[1]

「大學藍調行動」（Operation Varsity Blues）是美國聯邦調查局對此次調查案的命名。這項調查案歷時多年、遍及全美，揭露美國超級菁英（名人、總裁、金融家、律師）之間的精密網絡，這些菁英一起用計將自己的孩子送進常春藤聯盟大學。加州的企業家威廉·瑞克．辛格（William Rick Singer）是這件不法勾當的幕後主使。富裕的父母向辛格支付數萬至數百萬美元不等的費用，好確保他們的子女能夠進入頂尖大學。

辛格的計畫非常縝密。他首先成立一家慈善機構來隱藏客戶支付給他的錢，然後編造兩起騙局以兌現他的承諾。一是直接付錢給參加大學入學考試的代考生。二是結交並收買大學行政人員和體育教練，好讓他客戶的孩子能進入大學代表隊。這番操作對一個深陷在功績主義不平等的社會來說堪稱完美策略。辛格犯下的詐騙行為確保了那些已經超級有錢的人能進入常春藤聯盟學校，然而，這麼做的同時還創造出一個重要的印象，那就是他客戶的子女是憑自己實力入校的。

二〇一九年，隨著聯邦調查局逐漸揭露辛格非法交易的真實範圍，注意力無可避免地轉向這些家長。他們的行為引發公眾怒火，公眾自己也是家長，將大把的精力都花在了焦慮上、擔心自己的孩子是否也有機會進入常春藤聯盟學校。記者將攝影機對準這些父母不爽的臉。網飛（Netflix）甚至製作了一部描述整個事件的得獎劇集。「他們是罪犯！」頭版頭條怒下道。「怎麼能如此自以為是呢？」新聞主播質問道。

當然，一些標題下的有它們的道理。不過舊事還是重演，注意他們是多麼便宜行事地把焦點集中在某個地方。當每個人忙於指責罪魁禍首的時候，辛格最初之所以提供服務的原因幾乎都被忽視了。我不確定是否有比這起「大學藍調」醜聞更能說明崇尚功績主義的壓力而導致觀點扭曲的例子。這起醜聞突顯許多社會的裂痕，但或許最鮮明的是，它暴露出一個只偏重金錢和功績的經濟體系中，家長過度緊張的極端表現。

茱蒂．哈里斯是一位深具開創性的兒童發展理論家。當時她說出「父母無關緊要」的時候，並不是認為父母不重要。她的意思是，父母的重要性不同於我們想的那種重要性。父母傳達的價值觀可以很強力地塑造孩子變成什麼樣的人，但這並不表示這些價值觀最早是他們的原創。父母更像是社會的心理代理人、中介者的角色，以養育子女的方式來傳遞社會的主流價值觀。

而功績主義文化的心理代理人毫無懸念地就是直升機父母。他們是孩子生活中、尤其是教育方面存在感很高的母親與父親。他們以焦慮、嘮叨、獨斷的方式指揮來指揮去、威脅加利誘，根本沒有給孩子追求個人興趣的機會。直升機式教育的家長通常不辭辛勞、永不喊累。目標？當然是要確保自己的孩子在競爭激烈的功績主義社會中能成功。在這樣的文化中，直升機式教育是父母向孩子表達愛的方式，也是表達自己有多麼關心孩子未來人生機遇的方式。

直升機式教養之所以崛起在很多方面都有跡可循。但最明顯的跡象或許是父母轉變了優先順序和價值觀。例如，在一九九五年至二〇一一年間，美國父母看重孩子的點是希望他們能夠認真努力，此數據增加了將近四成。而且很明顯，這份努力應該放在接受教育上。自七〇年代中期以來，美國的父母和孩子每週一起做功課的時間增加到令人難以置信的五個小時。[2]

更多的時間分配給了學業，勢必會犧牲掉其他的活動。例如，美國兒童和父母一起玩耍的時間從八〇年代初以來減少了四分之一。[3]而自九〇年代初以來，美國父母每週把超過九個小時的遊戲時間重新分配給準備考試或做功課等非遊戲活動。[4]對任何一個稍具觀察力的孩子來說，這背後傳達的訊息就是，某些活動值得父母花時間（學業），某些則不值得（玩樂）。

毫不意外的是，這些價值觀的轉變出現在教育壓力迅速上升的動盪時期。COVID-19疫情期間，一項針對超過一萬名美國大學生所做的最新調查發現，年輕人覺得來自學校的壓力跟疫情前比要大得多。學生舉出成績、課業量、時間管理、睡眠不足、大學恐懼等觸發壓力的因素。但根據年輕人的說法，最大的壓力源來自父母望子成龍的期望。57%的年輕人表示，在疫情期間這種期望沒有降低，34%的人則表示期望實際上是提高了。[5]

經濟學家蓋瑞（Garey Ramey）和薇樂莉（Valerie Ramey）認為，這種過度教養是更廣泛的「不要輸在起跑點上」的一部分。父母嚴格要求工作倫理、執迷教育成果、執行更多監控，因為他們在回應社會給的壓力。愈來愈多杞人憂天的人焦慮地徘徊，創造一種恐慌文化。「大學藍調」醜聞或許是這種特殊回聲室效應的最高潮，發展到如此失控讓那些富裕的家長不惜以犯罪手段為自己已經佔有優勢的孩子再贏優勢。

這種駭人的現象並非明顯存在於每個地方。在瑞典和挪威等其他國家，不平等程度低、社會流動性高，很難想辛格提供的服務會有多大需求。這些國家，只有不到15%的父母在接受訪問時提到：認真努力是他們看重的特性。這些父母更願意讓孩子獨立探索自己的道路。確實，不同於美國、加拿大或英國的父母，瑞典人和挪威人會給孩子時間發展自己的想法、感受、興趣，發揮自己的想像力，並且以他們認為適合的方式表達自我。[6]

直升機父母在美國、加拿大、英國這樣的國家可能看起來很正常，但直升機父母的情況也只有在非常特定的經濟條件下才比較嚴重。那是因為在這些特定條件下，狂熱必然會發生、而且很可以理解。現在的學校壓力不斷增加、頂尖大學的錄取率又不斷下滑，更別提愈來愈多的年輕人都因爲加劇的不平等現象而落在人後。所以，任何頭腦正常的英國或美國父母都不會希望他們的孩子滿足於現狀。在這些壓力下，直升機父母的養育方式不是一種選擇，而是一種必要。父母焦慮地繞著圈子讓孩子明白，在校取得好成績絕對必要，不是因為他們想這樣做、甚至不是因為他們認為這對孩子有益，而是因為他們必須擱置較好的本能，讓位給他們在惡質競爭的功績主義社會中所習得的本能。

那麼，直升機父母所有的這些教養方式得到的後果是什麼?完美主義是其中之一嗎?

孩子需要並尋求與父母的依附關係。然而，直升機父母可能會不小心讓依附關係變得更加困難，原因有幾個。其一、直升機父母往往過於關心失敗的後果；其二、他們往往設定的標準比孩子不太費力就能達到的階段更高、更完善。這種教養方式拐彎抹角地向孩子傳達不容犯錯的訊息，同時，還間接地告訴孩子，他們永遠不夠好，無法贏得父母完整且無保留的認可。

當然，並非所有的父母都是如此。但我們確實知道，整體來講，父母的期望高到年輕人會把它解讀成對完美的要求。我們怎麼會知道？因為安德魯．希爾和我對此做了幾項記錄並寫成研究論文發表在二〇二二年的《心理學公報》中。[7]在第一項研究中，我們將「父母過度的期望」（或「子女無法達成的期望」）與「社會期許完美主義」做了相關性的統整，探究其中是否真的相關。在第二項研究中，我們檢索了三十年來美國、加拿大、英國大學生對於父母過度期望的觀感，探究這些觀感是否會隨時間推移而增加。

經過數據分析我們發現，父母的期望與社會期許完美主義的確呈正相關，甚至非常有關。事實上，這個相關性大到社會期許完美主義中有近一半的變異性可以由父母的期望來解釋。我們還觀察到，儘管相關性較小，但父母期望與自我導向和他人導向的完美主義也呈正相關。

接著我們沿用第五章中對完美主義的方法，整理出三十年來關於大學生對父母期望的觀感的數據。研究過程中，我們發現父母的期望急遽上升。上升的程度可以從下方的圖表中看出。按照測量尺的原始單位，增加了將近9％。但故事還沒完，因為從出生的同一世代來看，增幅高達驚人的40％，這基本上說明，如今的普通大學生公布的父母期望分數如此之高，若是放在一九八九年，就會落在大約70％的位置。

因此，不斷增加的父母期望很可

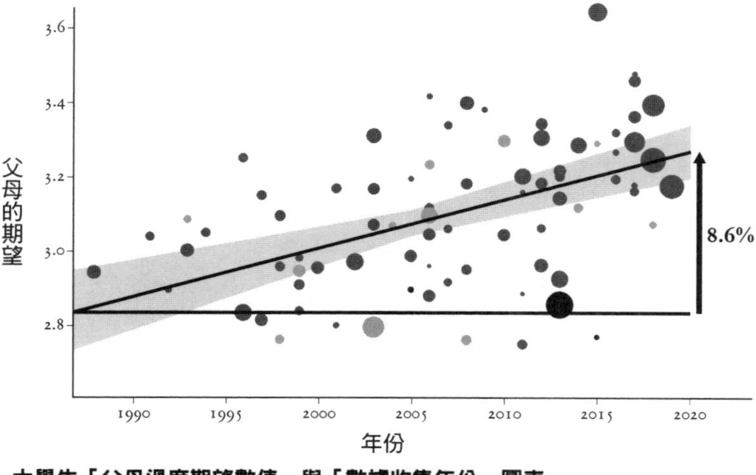

大學生「父母過度期望數值」與「數據收集年份」圖表

註：黑色圓圈代表美國的數據點、淺灰色代表加拿大、深灰色代表英國。數據點的大小與每個研究中提供數據的學生數量成正比（學生數量越多圓圈越大），而最佳適配線顯示父母期望與時間之間的關係（最佳適配線周圍的灰色區域是預測的誤差）。

能是社會期許完美主義在年輕人中提高比例的原因之一，似乎也很合理。我想再詳細解釋一下為什麼會這樣。相比廣告、社群媒體、學校或大學壓力，父母是極其親近且直接具有影響力的完美主義代理人。孩子幾乎從嬰兒時期起就會意識到父母的期望，對於這些期望是不是在追求完美也很有感。隨著他們的成長，反覆暴露在高度和過度的期望下，必然會解讀為需要變得完美。

然而，這裡得強調的是，過度期望的問題不僅僅是內化父母的標準那麼簡單。童年是一個脆弱的時期。孩子在試圖理解自己的世界時，踏出去的每一步都可能會遭到批評或拒絕的風險。即使是那個最被毫無保留愛著的孩子，在某個出問題的時刻也會發現自己受到痛苦揭露。高期望本身並沒有什麼問題；但當期望沒完沒了、過高、高到孩子能滿足的極限就成了問題。

在這種教養方式下，父母的標準、乃至父母的認可，對孩子來說總是那麼遙不可及。不如果他們想辦法達到某些傑出成就，比如成績得到完美的A，家長的確會覺得開心。不過，在這種講求功績、充滿壓力的文化，這位家長必須依然不動聲色地推遲全面認可，繼續督促孩子不斷向前，持續秉持「好還要更好」。

這真是太難為孩子了。因為他們無論有多努力，都不會足夠。孩子得到的不是接受、而是終究會接受的承諾，條件是他們必須持續進步。直升機父母在這方面讓孩子一直戰戰兢兢、深怕失敗的後果，也讓孩子對父母難以捉摸的認可產生依賴，這種依賴雖然無意卻很有問題。再者，孩子（無可避免地）沒達到要求時就會覺得羞恥，因為失敗等同於告訴自己「我不值得父母的善意」。而羞愧感正是「過度期望」與「社會期許完美主義」可以如此緊密連結的主要原因。

現在，容我再補充一點，保留認可並不總是壞事。畢竟，過度縱容、不會感到羞愧的孩子的奇景幾乎與充滿羞愧抓著不放的孩子一樣糟糕。若父母將認可視為「健康」教養的一部分，而只是偶爾一次小保留，那或許還能接受。但若父母將認可完全綁定在極高的標準、讓孩子永遠到不了，那這種保留認可的程度就太多了。這是一條很難分辨的界線。少量、間歇性的、個別的失望是可以接受的，幾乎可以說是無害且不會成為問題。然而，這種多次失望的累積效應、持續一次次擠壓、層層疊加，就會催生出完美主義。

必須謹記我們做父母的內心也是孩子。和其他人一樣，我們在一個虎視眈眈、只看得到金錢和功績的社會裡提心吊膽地討生活。談論直升機式教養時，我們僅僅在談論父母以他們認為唯一可行的方式盡最大努力來應對困境的情況。如果父母確實幫孩子的完美主義鋪好了路、那也是出於無意，原因超出他們的控制、錯也不在他們身上。

但這並沒有減損事情發生的真實性，而且更重要的是，事情不太可能就此打住。不誇張地說，完美主義就是全家一脈相承，先是通過基因、其次是通過對孩子的教養策略。這樣就出現一個嚴重的問題，因為隨著年輕一代變得更加追求完美，他們就會教出比他們更追求完美的孩子，然後這些孩子又會教出更追求完美的孩子，如此循環往復。我們必須認識到正在發生的事情，並且竭盡所能地打破這種兩代循環。

我們能打破這個循環嗎？在現在這個時刻、這樣的文化氛圍，這麼棘手的問題很難回答。但研究提供了一些線索。其一是提供源源不絕的溫暖與保護。這個世界是一個很嚴峻的地方，而孩子又是很容易受到影響的生物。他們承受來自廣告、流行文化、社群媒體、同齡人等種種難以捉摸的壓力轟炸。他們偶爾不可避免地也會屈從這些壓力，這時如果有必要、就施予一些相應的後果，但同時要讓他們知道有人傾聽，一定都有。開放地溝通、承認他們的情緒、以同理和理解回應。研究顯示，這種溫暖的教養方式與青少年的完美主義和追求完美的傾向呈負相關。[8]

溫暖的教養也意味著避免克制情感。所以，無條件地去愛孩子吧！只管一直愛，每分每秒！那些表示父母的愛和感情與成就或得體行為無關的孩子，往往具有較低程度的自我導向和社會期許完美主義，[9]他們還反應出較低的自我表現擔憂，也較不可能向周遭的人隱藏自己的不完美，[10]這完全是可以的，讓你可以毫不猶豫地告訴孩子，他們無需向任何人或任何事證明自己。他們值得你的愛和情感，他們在這個世界上很重要，就只是因為他們存在於這個世界。

這還意味著要教育他們從失敗中學習這門課，這是我們的文化所沒有教的。挫折和失敗可以用來作為學習的機會，要教導孩子生活有其後果，我們偶爾都會失敗，失敗並不可怕。儘量不要幫孩子擋掉那些讓他們可能覺得很有難度、很不舒服的狀況（但要人性處理）。讓他們和這種不適感共處至少一段時間。提醒他們，沒有人能夠做到無懈可擊；有時候，找不到什麼合理原因，事情就是沒按著計畫走，但沒關係。總會有下一次。支持他們走過失落而不是繞道而行。幫助他們，但不要試圖插手解決。

欣賞孩子的怪癖和才能。鼓勵他們追隨自己的熱情，而不是眾人的熱情。避免縱容他們的物質需求，因為會需索無度。相反，將他們的精力集中在豐富自身的經歷上，例如閱讀、彈奏樂器或參加運動。讓他們嘗試許多新事物，這樣可以發現自己的人生道路、依自己所選擇的熱情建構未來。這也包括允許孩子參與他們生活中的重大決定，像是他們就讀的學校或學習的科系等，請允許孩子這麼做。

期望很好，甚至是很有野心的期望也可以，但是要和孩子一起訂定期望。最重要的是要確保這些期望沒有脫離現實。當他們達成目標，不要過度狂歡喝彩；只需擁抱他們、祝賀他們，並讚揚他們的努力（而**不是**成績）。如果沒有達成目標呢？仍然要擁抱他們、讚揚他們的努力，將分數和成績放在適當的位置，時刻提醒他們，考試或課程作業只是學習衡量標準中的其中一種，還有其他無數可能的方式。沒達標並不會對他們的智力造成污點，也不會毀掉他們的人生機會，更不會決定老師對他們的評價有多高或父母是否感到驕傲。外界對於追求完美的壓力已經很大，所以請盡一切可能將挫折放入適當的位置中，並營造一個舒適的家庭環境，讓孩子願意敞開心扉談論他們遇到挫折的感受。

最後，以身作則教育孩子。藉由自己的失敗向孩子展現，是人都會失敗，不需感到羞辱。開誠布公和孩子談，也讓孩子能夠對父母暢所欲言。告訴他們負面情緒很正常，你自始至終都會支持他們。關心孩子將來生存的地球和生態系統，善待周圍的環境和親近的人。尊重教師的權威，如果教師基於一些正當理由要孩子承擔某些後果，一定要支持並感謝老師，感謝他們對孩子的成長所做出的奉獻。

你的孩子崇拜你。向他們展示為什麼在成長中擁抱自己不完美的人性並對此充滿喜悅是很重要。你希望他們如何面對掙扎，你就得用同樣的方式面對自己的掙扎：帶著勇氣、信念、同情。做到這些就是教育孩子，生活中並不需要追求完美才能活得充實和有意義。

上週我重看了一遍名為《買進名校：美國大學舞弊風暴》（*Operation Varsity Blues*）的影集，這是網飛以瑞克・辛格犯下的大學入學舞弊案為背景拍攝製作而成。整部劇集以真正的好萊塢風格呈現，精心打造戲劇化的影視作品，充滿危機和懸念。陰鬱不明的連續鏡頭對準坐在昏暗家中的辛格，他專心盯著電腦螢幕，耳朵貼著電話，不停地在謀劃，這些鏡頭與電話那頭富裕客戶的場景交錯呈現。辛格的客戶大多出現在充滿異國情調的地方，他們會站在露台上、俯瞰廣闊的宜人景緻、聚精會神地聆聽著辛格解釋他們的孩子將如何偽裝成極具潛力的水球選手的細節。

這是一個精彩的劇本。然而，不知怎麼的，你覺得這一切都有點太簡單直白了。導演將觀眾的目光牢牢鎖在發生的事情上，但我們知道的也差不多就只有事實。這是一個精心策劃的騙局。辛格和他有錢的客戶的行為應該受到譴責。他們接受審判，有些人入獄，就這樣結束。

那些定罪的家庭與這樁天大的騙局確實存在共謀關係。他們從相對弱勢的孩子手中有效竊取了頂尖大學的名額，一切罪有應得。但是，《買進名校》沒講的是一個不那麼簡單直白的故事，一個關於辛格的騙局之所以需要存在的故事。而要講好這個故事，電影製片人就需要把鏡頭往回拉，針對我們的經濟以及這個經濟所創造的社會提出更深入的質疑。

當然，這種未能提出更深入的質疑，不僅僅存在於孩子的教養問題上。正如我們在第八章中看到的，同樣的問題也出現在社群媒體上。為了尋找讓人放心的答案，現代文化有一種傾向，就是將社會整體問題衍生出來的許多弊病，如Instagram、愛干涉的父母、工作缺乏安全感、生活方式廣告等等，視為一組毫無關連卻很有趣的偶然事件，對這些事件我們也指手畫腳，頗不贊同地皺起眉頭。

然而，這些並不是毫無關連卻很有趣的偶然事件。如果我們挖得夠深，就會發現每件事情都能牽扯在一起。父母督促孩子要一直做到更好、要更努力、要追求完美主義的水準不是因為他們是專橫的暴君，甚至不是因為他們覺得完美主義特別有益健康。父母督促孩子是因為他們是經濟的心理代理人。就像凱文和伊恩按照經濟期望我們的方式消費、社群媒體公司按照經濟期望我們的方式運營一樣，父母也按照經濟期望我們的方式來撫養子女。當然，《買進名校》如果這樣演的話，就不會是同樣充滿動態的紀錄式劇情片了。不過，這樣演會讓我們更接近問題的根源。

我們容易將完美主義等等的精神官能症歸咎於患者本身，而卡倫·荷妮或許是第一位對此提出挑戰的人。她認為我們與其把責任推給患者，不如去質疑那些精神官能症之所以盛行的文化條件。她是對的，只是我們還沒有跟上她的腳步。直升機式的教養不是一種自然、本能的育兒方式，而是一種典型的養育風格，這種風格與追求經濟增長、著迷於金錢和功績的經濟體系息息相關。換句話說，這是一種文化現象。直升機式教養就像廣告和社群媒體一樣，也促進社會期許完美主義不斷飆升的程度。

不過事情還沒完！因為現代文化還有最後一個領域正不斷加劇我們對完美的執迷。而且是大多數的我們（老、少、貧、富）幾乎每天都會遇到的一個領域：那就是工作。就讓我們一起談談那些高強度的現代工作，那些快速侵蝕我們整個心靈、奮鬥不懈的賺錢文化。

第十一章 愛拼才會贏

或現代職場中的不安全感如何導致對完美主義的依賴

這背後的根本原因是美國對自力更生的執著，這使得人們更容易讚賞一個為工作拼命的人，而不會去主張一個人工作要拼命就是經濟體制有缺陷的證據。

——美國作家 賈・托倫蒂諾（Jia Tolentino）[1]

我住在巴斯（Bath）的時候，有一家我非常喜歡去的咖啡館。這家咖啡館座落於一棟改建成喬治亞風格（Georgian）的洋樓底層，是一個很舒適的空間，咖啡館隱身在距離城市著名的皇家新月（Royal Crescent）幾步之遙的小巷。從這往下走一段石階，來到掛滿彩旗的地下室，裡面擺滿了色彩繽紛的藝術品和再生家具。坦白講，這地方不是最精緻的、也幾乎沒有盈利，卻是艾瑪的避風港，她的王國。

艾瑪在二〇一八年末租下一個空間來開設這家咖啡館。一年前，她離開了在倫敦擔任廣告總監的職位，她在這個城市工作、生活了將近十年。這個選擇合乎邏輯，因為她覺得疲乏，需要新的挑戰，而倫敦的房價也一路飆高。艾瑪經常會收到高薪的邀請，要她重返那個競爭激烈的日常生活，但她很抗拒。她不再想要壓力、晚睡，還有挑剔的客戶和他們那些讓人恐慌的要求。對於艾瑪來說，她的咖啡館意味的不僅僅是銀行帳戶中的金錢，更是她的庇護所和修復之處。

今日這種特殊的步調轉換似乎很不尋常。如果有人突然決定不踩油門，堅定地開在慢車道上，我們往往會用負面的懷疑態度來看待這個決定。特別是在倫敦、紐約等等這樣的大都會泡沫中，若要回答像「近來可好?」這類的問題，一定是回答「超忙」，光站著不動就可能顯現衰退腐朽之氣。因為在這些大城市，沒有讓自己不斷前進、沒有讓自己做出點成績，就不可能有機會攀上那滑溜的職業階梯。而且坦白說：誰不想要做出點成績呢?

我頭一回搬到巴斯時就認識了艾瑪。在某個清晨的咖啡時光裡，我講了一則有關某倒霉遊客在這個城市鬧的笑話，她開懷大笑。幾個月過去了，這家咖啡館成為我經常逗留的地方。當店裡比較安靜的時候，艾瑪會問我最近過得可好，我也會回問同樣的問題。我們建立了友誼、慢慢地開始了解彼此的一點一滴，就這樣，我得知了她過去的生活。最近，我聯絡她了解一下近況，並問她介不介意在這本書中分享一些過去的經歷。

艾瑪的工作經歷非常迷人。回到她二十幾歲的時候，年輕且充滿活力，她渴望畢業開始自己的人生，前往大城市展開一個令人興奮的職業生涯。她告訴我說：「畢業的時候，我非常興奮。我在華威大學（Warwick）取得英語一級的榮譽學士學位，而且我很快就發現，我在行銷文案、社群媒體經營、品牌內容等這類領域炙手可熱。」

艾瑪告訴我：「自由接案人是當時顯而易見的起點。」

但那股初生之犢的花火很快就消失了。儘管自由接案承諾的是自由，實際上卻帶來壓力和孤立感。艾瑪經常覺得自己陷入一連串乏味無趣的工作中，例如為顧問編寫傳記，或是撰寫無聊的公司成長故事。她回想道：「我覺得很無力且不被認可，倫敦也可以是一個很孤獨的地方。」人們沒有義務對她的提案做出回應，更別提給予反饋。她抱怨到，協議大多也只是浪費時間。「你只能隨波逐流地跟著付款方說變就變的心。」若是無法滿足客戶天花亂墜要求呢？「那麼就會得到差評及批評性的評論。」

那是一段令人沮喪的生活。不久之後，艾瑪將自己全部的經歷都彙整到履歷表，著手申請更穩定的工作。多次碰壁之後，她堅持了下來，最終在倫敦西區一家小而時尚的公關公司獲得了一個初階職位。她告訴我：「這次轉職真的是從兼職工作的不確定性中解脫出來。也該是我要更能掌控自己生活的時候。」

即使如此，仍然伴隨著一定的風險。市場行銷剛入行的薪水是有名的低，而且合約幾乎都不穩定。艾瑪回憶說：「雖然我正式受雇的時間是兩年，但老闆一開始就非常清楚地告訴我，我隨時有可能回家吃自己。」

然而，這份風險帶來了豐厚的回報。接下來的幾年裡，艾瑪擴展了自己在公司內部的角色，並在幾位知名的客戶中建立了良好的聲譽。當然，這並非沒有付出代價。她告訴我：「我努力工作、絲毫沒有停下腳步，大多數的晚上都熬夜加班，週末也經常進公司，而且我總是在重要的派對和活動中用力刷存在感。」她回憶起那時候做任何與工作無關的事情都讓她感覺有點像在偷懶。「說來慚愧，有時候，當我和家人或朋友一起出去的時候，我的心思並不完全在那，因為全程都在想『我這時候應該要在工作』。」

像這種超出預期的工作表現看似是個人選擇。而且我認為從某方面來講，這是一個自由的國家，願不願意負荷更多都是自己的選擇。但我們知道情況並不那麼簡單。沒錯，對於那些幫個小忙的無償勞動當然可以說不，而且可以繼續說不，但過一段時間就會有人記住。在現代職場中，守好自己的本分、不給人靠、不想再多做一點——都是足以讓人蹙額皺眉的特點。美國企業家伊隆．馬斯克（Elon Musk）曾在推特上寫道：「沒有人能靠每週工作四十小時改變世界。」，他表示：「每週需要大約八十（小時）的不停工作，有時高達一百小時。」[2]

接下來的幾年裡，艾瑪持續過著超出負荷的工作日常。她又換了幾份工作，中間也短暫回歸自由接案工作，最終落腳在一家國際廣告公司擔任高級管理職位。那個時候的她在這個行業已經取得了很多成就，遠超過她過去的想像。但她的耐心也逐漸消磨殆盡，更糟的是，她變得越來越悲觀。

「一開始，我把工作視為一切，待它就像生活方式一樣，並且賦予它某種精神層面，同時相信工作就是我的天命。」但是，艾瑪的工作並沒有以同樣的愛回報她。很快，她行業裡更虛浮的特性開始啃蝕她。「『令人嚮往』，儘管這個詞毫無意義，但這就是近幾年所有公司真正關心的事。不是想辦法讓東西如何有趣、複雜或經得起推敲，而僅僅只是灑上一點亮晶晶，讓它可以『令人嚮往』。」

「但問題來了：要怎麼一直做下去？要怎麼繼續不斷量產出閃閃動人的廣告活動，說服人們追逐某種神話般的理想，而又不會在某個時候變得越加懷疑？」她解釋說：「雖然我隱隱約約感覺到自己正在出人頭地，卻從未真正感覺到自己正在取得什麼進展。」就像新經濟中的大多數行業一樣，廣告業衡量成功的標準也是有名地讓人霧裡看花。艾瑪告訴我，這些標準「模稜兩可」，而且通常是事後才編出來的。「所有的未知都讓人感到害怕，特別是自己簽的合約有期限、有開銷要付，妳得要知道明年自己是否還有工作。」

艾瑪來到倫敦時堅信自己會在這個世界找到自己的一席之地，而離開時她卻是精疲力竭、茫然失措、比從前更不確定了。她告訴我，最讓她心累的是長期的不安全感。「我從未感覺在廣告業有足夠穩固的立足點，來承受無休止的工作壓力，而這種壓力總是一波接著一波。」最後她說：「我無法確信自己的信念，甚至不確定是否還相信自己那時正在做的事情。年輕的後浪一直湧上，他們更飢餓、更願意做出必要的犧牲。而我無法像他們一樣不斷催促自己，我開始怨恨日復一日的壓榨，現在要我坦白說，我那時是徹底地精疲力竭、燃燒殆盡。」

這家咖啡館是艾瑪的避風港。在寧靜的巴斯，她為當地媽媽和附近大學疲累的教授提供蛋糕和卡布奇諾，終於有了這樣的一份工作，給了她回報、提供某種類似安全感的東西，還帶給她明確的目標。

供應面經濟就是儘量消耗人力和自然資源，以求在最短時間內賺進最多的鈔票。在這套規則下生活了幾十年，確實我們積累了驚人的財富，這財富水準也遠超過前幾代人的想像。但就像艾瑪覺得的那樣，我們無法享受這份財富，這同樣也是事實。我們甚至不允許欣賞這份財富。因為欣賞正好會阻礙這種經濟體之所以持續成長所需的過度工作。我們如果放慢腳步、多休息一些、少奮鬥一些，那麼休息的後果就是讓其他工人被迫離開職場。

上述這一切意味著，我們的經濟體系以循環的方式運作，需要我們持續工作，僅僅就是為了讓我們持續工作。那麼要如何做到這一點的呢？答案當然是不安全感。

作為現代職場中的一名成年人就意味著不安全感。不論錢賺多少，或更確切地說，不論工作多努力，永遠都不夠。工作永遠都不會真正做完，只會是換下一輪、或者形式轉變，或者被新事物取代。我們很少能從自己的勞動成果中體驗到持久的滿足感，更遑論安全感了。我們會得到薪水，我們會去工作。我們會苦幹實幹，然後得到更多薪水，似乎一切都在永無止境地持續中，不斷努力追求越來越多的金錢，只是為了維持我們已經擁有的生活水準。

艾瑪體會到的這種不安全感並不獨特，還有她對此的情緒反應也不是特例。近年我們談到工作時，經常會說到自己做了多少工作，或者自己有多麼倦怠。這都是事實。額外的工作、主業、斜槓，以及僅僅為了趕上工作日無法完成的事情而花費的時間，都讓檯面上的薪資數據成了笑話，因為這些數據顯示我們都聽話地每週工作四十小時。[3]而自述的工作習慣則揭露出真實的情況：平均每週的工時要更接近四十八小時，有高達18%的工人每週的工時遠超過六十小時。[4]

然而這些數字的背後還隱藏著其他事情。過去，工作本身即使很辛苦、有時甚至做到精疲力竭，但工作的基本節奏和固定程序都很一目了然。但現在不一樣了。這些工作模式整個都被摒棄不用，然而工作本身的辛苦程度卻並未減輕。艾瑪的故事證明：在新經濟的環境下，工作規則正在被徹底改寫，而這樣的轉變會對心理造成損傷。

隨著組織團體調整並適應迅速增長的環境，像是穩定的住所和固定的工時等這類傳統的安全感正在逐步瓦解。取而代之的是一套完全不同的優先順序。過去，我們父執輩工作的公司看重奉獻精神、專業技能的磨練，以及對組織的忠誠；現代企業則獎勵那些機敏、靈活、敢於冒險、能應對不穩定和變化的人，這些人還要願意互相爭取一份有期限且臨時的合約。

我說願意，但並不是說好像有選擇的餘地。廢除舊時代的勞工保障使得公司可以隨意地聘請和解雇，並使得臨時約聘成為常態。二〇〇五年至二〇一五年間，美國經濟新增加的工作中，幾乎所有職位在某種形式上都是臨時聘用，其中獨立承包商、自由接案人、合約工作者的增幅最為顯著。[5]這個流動的新勞動市場的一種講法是「別過得太舒適」，另一種是「用過即丟」。

一代新人正在崛起，他們做的是臨時工且缺乏保障，對他們來說，職業生涯可能是一個陌生的概念。他們不把自己當成在組織階梯上一步步攀升的員工，而是把自己看成可租賃的資產，在就業交易市場上以最高價格交易。在這套規則下，工作身分就像我們作為消費者的身分一樣，必須是可塑的、還要不斷重新包裝。奮鬥（不然還有什麼？）是支撐我們這麼看待自己的常識邏輯。這種邏輯不僅貫穿教育競爭和網路詐騙，也適用於優步（Uber）平台賺外快或麥肯錫公司（McKinsey）的諮詢服務。

美國總統候選人希拉蕊．柯林頓（Hillary Clinton）在北卡羅來納州（State of North Carolina）對一位聽眾說道：「過去期待的那種在整個職業生涯就做一份穩定的工作、有好的福利，這種老派的工作模式現在早就沒了。」她完全正確。她說的那種對於一種技能或行業謙卑奉獻，就像我祖父那樣童叟無欺的維持家計，似乎已經確定過時。希拉蕊．柯林頓繼續說：「二、三十歲的人是在完全不同的經濟體系下長大成人的。」[6]

在這個不同的經濟體系中，重要的不是某個技能你有多厲害，而是你能多快完成，多快投入下一件事。這就是工作，沒錯，但這只是為工作而工作。人類學家大衛．格雷伯（David Graeber）稱之為虛假工作（make-work），這是一種不間斷的、亂哄哄的、匆忙的、幾乎是空洞的忙碌狀態，這狀態取代了耐力的堅持和精湛的技藝。[7]耐吉最近的廣告宣傳活動寫道，「快起來奮鬥」（rise and grind），用饒舌歌手「五角」（50 Cent）的話說就是「多用點力氣奮鬥」（hustle harder），或是像快時尚大咖莫莉–梅．海格（Molly-Mae Hague）那樣用盡「一天二十四小時」。我們從這個文化中學到，做什麼無關緊要、不要停下來就好。因為如果你懈怠了、減速，或者更糟，停下來思考這樣沒完沒了的忙碌到底是為什麼？你就會被拋在後面。

以上種種的壓力下，還想平衡工作與生活無疑就會變得一團糟，而且也會變得愈來愈難將工作與其他事物分開。如同艾瑪的故事所顯示，如果一直擔心空閒的時間會讓自己的利益受損，那就很難愉快地享受或隨意浪費這段時間。根據一項二〇一六年的工作習慣研究，許多勞工表示他們經常會放棄旅行和假期，因為想向雇主展現自己有「全心付出」，他們怕被當作「可以取代」，對於休假也會「感到內疚」。[8]

沒人能逃得過工作不夠盡責的罪惡感。如果有什麼不同的話，那就是爬得愈高，這種內疚感就愈強烈。這是有史以來第一次社會上最富有的人以工作時間的多寡來炫耀自己的美德，但這不是因為他們想這樣做——儘管我們都知道有那種人——而是因為為了賺取足夠維持他們社會地位的收入，需要在一些非常狹窄的菁英專業領域，如法律、金融和醫學，投入驚人的時間。例如，倫敦一些律師事務所的初級律師平均每天工作十四小時。[9]又例如，在華爾街，銀行家有所謂「銀行家的朝九晚五」，也就是從一天的上午九點開始一直工作到隔天的凌晨五點。[10]

當工作要求提高，期望也會隨之提高。例如你在年度評估中獲得滿意的評分，卻立刻發現這離滿意還很遠。如今某些公司甚至宣揚他們毫不妥協的標準。英國最有價值的金融科技公司Revolut在網站上警告潛在員工說：「本公司的門檻非常高。」接著又說道，如果員工沒達到「完美」就會受到「準確而非寬容地」評估，即使「這可能會造成傷害」。[11]

當然像 Revolut 這樣的金融科技公司比大多數公司更願意公開他們對員工所提出的追求完美的要求。但這並不意味著這類要求在包括大學的其他職場不是同樣普遍存在。正如我許多同事所證明，老師需要在總分五分的學生評比中，持續保持四分以上才有機會升等。平均四分的話能保證留到下一年度。三分立刻就會送你去進一步培訓。如果三分以下，你可能需要一個諾貝爾獎才能活過留校察看。

我提到學術界是因為過去他們還算可以將這些荒唐的壓力置之於外，但今非昔比。大學為了要在供應面經濟中求生存，現在開始比照私有企業的模樣重組，這對年輕學者的打擊尤為嚴重。他們是那些必須用最大彈性來因應管理階層的人，也是那些必須無止盡地藉由證明生產力或如研究卓越框架（Research Excellence Framework）所稱的「產出」來保住自己很難保住的教職。

競爭非常兇殘。過去發表一、兩篇論文就足夠確保一份大學職位；但如今，少於四篇的文章還能列入最後的聘用名單就真的很幸運。還別忘了那些「自由參加」的額外選項：出席研討會、夜間講座、會議、學術界的社交活動、教學和其他形式的無償行政工作。這些活動當然可以不參加，但如果真不參加，就會從長串的拒絕信件發現，若想從其他數百位求職者中脫穎而出，這些活動必不可少。

事實上，學術職位非常稀缺，即使所有這些額外選項你都做了，卻仍然無法在一個地方安頓下來。你必須不受羈絆，隨時準備移動到機會浮現的所在。這也帶來了另一個工作不穩定的隱藏傷害：變動。如今對於初出茅廬的專業人士而言，問題不再是「你有多想要這份工作？」，而是「你願意為這份工作犧牲多少生活？不安頓、不紮根、不建立共同體、不追求長期關係、不生孩子，準備好做這些了嗎？」在成為一名還算成功的教授的路途上，我犧牲了大部分的私人生活。例如從二〇一三年開始算起，我有七份工作、分別在七座城市、三大洲，每隔兩年左右會搬一次家。這聽起來雖然極端，對於學者來說倒也不是很罕見。

對於大多數其他產業來說，這情況同樣不算罕見。通常，一般成年人在職業生涯中預計會換大概十二次工作，而且很多時候他們會落腳在最令人洩氣的地方：零工經濟（gig economy）。[12]這真讓人氣餒，我甚至都還沒提到房租、房價、債務、一般生活開支等不斷飆升的費用，以及在一個不平等的經濟體系內日復一日辛勤工作的感受，而自己努力的結果卻被如此不平等的對待。在這個「奮鬥的文化」中，真正受益的很少是那些全力以赴、甚至拼盡全力的人，這還包括犧牲自己健康和幸福的人。在英國，有八百萬名年輕的工人，相當於勞動力的四分之一，從來沒有在平均實際工資持續上漲的經濟體待過。[13]然而，他們卻在一個公司利潤飆升的經濟體待過。[14]

供應面經濟確實是一個令人印象深刻的增長工具。但卻較隱晦不提及這些增長是流向企業和股東，也不提及其他每個人為此付出的代價，像是停滯的工資、下降的生活水準、滿滿的不安全感。我們可以這樣理解：現代企業需要增長，否則就會倒閉，如果可以規避的話，理想上它們會希望在不用承擔社會保障、健康保險、常規工時等責任成本的情況下，獲得員工的高生產力。因此，他們不再像過去那樣雇用員工，而是與工作者簽合約，而這些工作者要自己承擔責任的成本，薪資卻不會隨之增加，這一切都在一場鬧劇的支持下進行，這場鬧劇說了這些工作者都是令人振奮的且新的奮鬥階級的一員。

我在這裡關注的不太是這些隱藏的安全轉移（從工作者到公司）本身造成的不公平，

而是這些轉移可能對工作者造成的心理後果，以及為什麼完美主義會在其中佔主導地位。

起初，不安全感可能讓人感覺像是解放。而且從外表看起來，確實像是一份夢幻的打工工作。你就是自己的老闆，可以在任何地點、任何時間工作，擺脫了霸道老闆的要求，你可以是自己命運的主宰。這正是艾瑪職業生涯剛起步時的興奮之處：勇於冒險、學習新技能、一路上不斷突破並挑戰極限。但是在蜜月期過後，她殘酷地意識到：不安全感不會只發生一次。日復一日，她發現自己不斷重新開始，憂心忡忡地覺得自己可能還是做得不夠。隨著她踏入企業世界，這個世界對貢獻要求甚多、又沒給多少保證，每天迎面而來的卻是不曾間斷的壓力。

根據定義，不安全感是指我們缺乏必要讓我們感到安心的肯定，像是我們做得很好、我們正在做出改變，我們不會在下週、下個月或明年被解雇。沒有這些肯定，生活會感到相當地不穩定。我們不斷害怕被拋棄、對於認可和正面回饋變得過度警戒，對於顯露太多自我也變得小心翼翼。羞愧是常有的事情，特別在我們犯錯時（「你怎麼能這麼笨？」）。還有極大的負罪感在內心翻攪，若是沒在工作，很難讓人在日常辛勞之外好好享受生活。

為了防止這些情緒，我們不可避免地承擔越來越多。而在不安全感的負面壓力下產生的壓抑情緒，會藉由成為周圍人眼中的理想員工而得到緩解，但都只是暫時。因為遲早會出現一些情況，像是更新的目標、意想不到的障礙、全球疫情，都會使節奏變得更快。這有點像要通過俄羅斯方塊的關卡一樣，你一旦跟上新的速度，節奏就會再次加快。

加快、還要再加快。

當我們的工作身分（更不用說經濟生存）取決於這種氣喘吁吁的追逐時，根本無法休息。在美國，有整整80%的成年人稱自己「努力工作」，僅有3%的人表示自己很懶惰。[15]沒關係，我們的確很努力工作。但問題是：是誰從中受益？是我們還是雇用我們的公司？因為無論工作多努力，不安全感意味著永遠不會有足夠的保證。在這種經濟體系中，我們的成就遠不及為了獲得成就而努力不懈來得重要。可以說，成就根本無關緊要。

換句話說，我們內化了一種經濟體系中的常理，這個常理就是：人只有在工作做到筋疲力竭、甚至累到爆炸的時候才算有價值。

我們越是為工作拱手犧牲自己，完美主義就越會成為我們工作生活中不可或缺的一部分。我們在年輕人的用語中已經可以看到這種趨勢。迷因文化的所有口號中，「假戲真做直到變成真實」，可能是完美主義在現代職場中無所不在的完美體現。這句話翻譯過來就是「我對自己相當沒把握，對自己能不能做好這份工作也極度擔心，但不管，我打算裝得一副自己絕對會成功的樣子。」不安全感讓我們陷入焦慮的恐懼中，害怕自己工作不夠努力，玩一場贏不了的偽裝遊戲：總是不懈地追求更大的成功，但從來都不肯相信自己已經進步夠多了。

工作上的不安全感將這種完美主義蝕進了我們的骨髓，不是出於選擇，而是必然。我們真心相信自己沒有所需的智慧、技能或純粹的體力來應對一切，更別提會成功了。這種讓人無法動彈的焦慮困擾了艾瑪很多年，直到她決定打包走人，做點不一樣的事情。這對她來說，是個正確的決定。但對許多其他人來說，由於資源更少，選擇更有限，唯一可行的選擇就是繼續與其他人一起拼搏，同時儘量往好處想。

每年，數百萬像艾瑪一樣的年輕人進入勞動力市場。他們的完美主義已經很嚴重了，隨著工作而來的不安全感讓完美主義更是變本加厲。雖然目前還沒有數據可以證實這一點，但確實看來似乎如此。有整整四成的十八至二十九歲的年輕人，時常或幾乎總是擔心自己能否平衡工作與生活以及工作時的壓力程度。[16]辦公室職員通常評自己的工作生活從一到十分會評到六分。[17]另外，工作者有超過一半表示自己感到精疲力竭，徹底過勞。[18]

新冠疫情加劇了這些長期存在的趨勢。美國心理協會的工作與幸福感調查（Work and Well-being Survey）顯示，在二〇二〇年和二〇二一年，美國工作者過勞的情況有所上升。其中八成的人表示有工作相關的壓力，三分之一的人表示缺乏對工作的興趣和投入，另外三分之一的人表示認知疲勞和情緒耗竭，近一半的人表示身體疲勞，這項數字比二〇一九年增加了將近四成，[19]這還不僅僅是美國的情況。在二〇二二年的一項涵蓋十三個國家近一萬五千名員工的調查中，有四分之一的受訪者表示有過勞的症狀。[20]

工作者的過勞程度高到網路上出現一波推動「安靜離職」的運動。[21]這個詞在社群媒體上引起數百萬次的分享，所有都是在歌頌**不要**多做、**不要**過度投入工作的職場態度。這波運動顯示，工作者回應現代職場中的壓力和緊繃感的態度正在發生變化。我們似乎正在領悟，勞動若是伴隨著不安全感、沒有確實的回報，還要以我們的健康和幸福為代價，那麼拼命奮鬥、不斷奮鬥、再拼命奮鬥本身，用在工作上都是毫無必要的懲罰方式。

當然，無法容忍的不安全感並不是這種停工抗議的唯一原因，但有可能是相當大的一個原因。根據美國最近的調查，僅僅五分之一的工作者認為自己的工作很有保障。[22]事實上，如今的工作如此不穩定，以至於令人驚訝的是，有三成的受薪員工表示自由接案（最不穩定的工作之二）實際上會為他們提供更多的安全感。這在一定程度上解釋了為什麼單單在二〇二一年就有三千八百萬美國人辭去工作。[23]就像艾瑪一樣，其中的三成闖出了一份自己的事業，其餘的大多數人都選擇自由接案。按照目前的轉換速度，到了二〇二七年大多數美國工作者都會變成自雇人士。[24]

自己雇用自己的工作方式就會找到更多的安全感嗎？這個問題的答案其實並不重要，因為對新一代的人來說，安全感反正是一個陌生的概念，他們的工作歷史就是一長串從上一段換到下一段的短暫打工。當不安全感是工作生活中不可避免的一部分（也是所熟知的全部）時，自己的處境由自己完全掌控就很合理。如果說從「大離職潮」或「安靜離職」中能學到什麼的話，能得出來的結論就是：沒別的選擇，只有沒安全感的工作。所以要不就為自己好好打拼，要不就乾脆躺平。

若真是這樣，那或許現在真的是時候可以用一種不需要完美主義的方式來應對職場了。眼前的經濟環境想打造好這條路並不容易，你需要相信自己。相信自己可以放慢腳步、相信自己事情做得夠好就會感到快樂，相信自己可以回家陪家人，拜訪朋友，還能在辦公室以外的時間做自己喜歡的事情，不至於因為錯失什麼而憂心忡忡或感到內疚。

一開始，這對完美主義者來說是驚喜的發現。但你只要多做幾次就會愈來愈熟悉足夠好的感覺，等到該放手的時候也更容易接受。研究顯示，能平衡工作和生活的員工比那些過勞的員工更具生產力。[25]當你決定放慢腳步，每一次得到的正面回饋都會增強自己的信心，也更容易給自己放鬆的空間，同時不安全感和那個要自己做更多的小雜音就不會干擾到自己。

如果你是一名經理人，請注意，有愈來愈多進入你組織的年輕人可能會是完美主義者。他們會預想你在尋求完美，你得在第一天就讓他們知道事實並非如此。試著營造一種讓人心安的文化，在你這裡的員工就算失敗都還可以很自在，不必擔心受人指責或評判。

鼓勵健康的冒險精神、允許大家發表意見、推崇並獎勵創造力。讓你的同事確實知道，不存在所謂的蠢問題，讓他們勇於冒險、不用擔心會得罪人。

但同時，也不要指望追求完美主義的員工能立即適應新環境。畢竟，完美主義者往往都會規避風險。要有耐心，給予他們時間和支持。當他們變得更自在，他們的強項就會開始展現出來。充分利用這些強項；有完美主義的人事情想得深入、注重細節、在允許的氛圍下可以解決複雜的問題。如果他們碰巧出錯或遇到拖延等問題，用同情心介入，讓他們知道夠好就很好了。這一點要不斷讓他們知道。

因為把事情做到好比把事情做到完美更重要。

我最近去看了艾瑪。她的咖啡館依然保有自己奇奇怪怪的獨特魅力，但安靜得驚人。這是一家從全球疫情的瓦礫中復甦、陷入生活成本危機的商家，這一點顯而易見。艾瑪跟我說：「客流量大幅下降、觀光客的數量不如從前、似乎有更多人在家工作、當地居民也在節省開支。」這家咖啡館在疫情前本來就沒賺大錢，艾瑪也不是為了賺大錢開的。但現在幾乎只能勉強收支平衡。「我現在是自掏腰包付自己的薪水，不知道這樣還能撐多久。」

「你還會回廣告業嗎?」我問。

「也許吧」，她回答道，「但我覺得自己現在就是個沒用的東西。我甚至不確定自己還回不回得去。」

她會回去，我覺得艾瑪心底也明白這一點。儘管如此，這位極其成功的女性還是有很強烈的自我懷疑。她說：「我不再知道什麼是流行了，我甚至不知道這行的宣傳活動或品牌經營發展到哪裡了。」

艾瑪開設咖啡館是希望能從每日的庸庸碌碌中解脫，但即使是在這裡也無法逃脫那些她無法控制的情勢冷漠。現如今，無論做什麼工作都很沒有安全感，我們在這樣不穩定的基礎上，遭逢的每一次挫敗、障礙、衝突、疾病和經濟震盪，無論事大事小，都很敏感脆弱。再說到這場疫情，對於那些剛踏入現代經濟的人來說根本是場大災難。

我講了艾瑪的故事，還擴大講了工作安全感急劇下滑的事，我講這些的目的不是要去糾結工作變得多糟糕，甚至不是要去哀嘆這一代人的生活有多艱難。而是想最後再強調一次，所有的事情是如何連結的。沒有人揮舞著魔法棒說工作一定不會有保障、一定是臨時的、有期限的、雇主完全不用付義務的。但我們的經濟體辦到了！盡可能在最短的時間內獲得最多的「成長」是首要遵循的指令。

若真正好好坐下來思考我們普遍且近乎永久的不安全感時就會發現，一切確實都有關聯。我們在工作中感到如此不安的原因，與我們被學校、大學和直升機父母逼到崩潰邊緣，或者被掠奪性廣告商弄到覺得自己很是缺乏，這都是相同的原因：我們生長在一個對增長需求遠遠大於我們對滿足感需求的經濟體。完美主義不過是附帶傷害，是我們必須付出的代價，好交換這個經濟體對我們每個人的不安全感的病態依賴。

所以，有了這個前提，我們到底還能做什麼呢？

PART 4
如何在夠好共和國裡，擁抱不完美

第十二章　接受自己

或在不完美生活中我們已足夠好的力量

我發現自己最佳的狀態就是讓流動的經驗引導自己，朝著那個自己尚未清楚意識到的目標邁進。

美國心理學家　卡爾・羅傑斯（Carl Rogers）[1]

保羅・休伊（Paul Hewitt）是位臨床醫生，但他在面對那些苦於追求完美的人時，最大挑戰不是治療，而是讓他們接受自己需要被治療的事實。他最近告訴我：「或許完美主義最糟糕的地方在於完美主義者不願認識到他們的問題根源就是完美主義。」他說，幾乎每位完美主義者都「極其擅長將自己的痛苦藏在高效能、追求極致和優秀能力的面具之後」。

作為一位正走出完美主義陷阱的人，我發現保羅的話深深地觸動了我。當陷入永遠都嫌不夠的困境時，深信唯有追求完美才能有所價值，因此不會認為完美主義是個問題。相反地，你會認為完美主義是支持你立足這個世界的唯一依靠，而周圍的一切都在燃燒。

這個社會並不認為完美主義是個大問題。努力墊起腳尖，讓自己比別人更高一點，不斷追求更大且更好的事物，這些都是被社會讚揚，也是大多數人的生活藍圖。因此，這些行為所帶來的問題都被藏在龐大的傳統智慧之下，這些智慧認為完美主義是取得成功的方法，是一種榮譽的標誌，是我們最喜愛的缺點。

但完美主義並不是一種榮譽的象徵，也無法讓你在這個世界上站穩腳跟。正如這本書試圖解釋的，完美主義反映的是極端的不足思想，這使我們全然生活在羞愧的陰影下。羞愧於我們所缺乏、外貌不符合期望以及尚未完成的事情。這並不是成功的象徵，而是厭惡我們的缺點——我們如此充滿活力的人性特質。

我希望，就算僅知道這一點也能成為某種慰藉或行動的呼籲，或是成為一種鞭策，使我們能認識問題，並朝著不同的方向邁出第一步。我們很快就會討論這些步驟。但在此之前，我想簡要地反思我們對於完美主義從何而來的認知，因為就算只有意識到問題的存在，也有機會得到慰藉。

在個人主義的文化中，我們很難把完美主義視為個人特質之外的其他事物。然而，我的研究因為一項有趣的發現而獲得知名度。我發現每個人的完美主義傾向正在上升，而社會期許完美主義，即認為我們的環境要求完美的這一種信念，上升最為迅速。這兩件事實並不表示我們的內在出了問題，而是指出社會內部出了問題。我想提出問題出在永遠追求更多、更大和更好的文化中過度工作和過度消費的壓力。

從這些追求中衍生出的每一個特點，尤其是完美主義，已深植於我們的內心，以至於我們認為自己有完美主義的性格是自然且正常的，甚至是值得擁有的。受到靈魂的斯德哥爾摩症候群所困擾，我們陷在這種經濟生態中，連同那些建立它的人一同接受我們必然的不滿足。這種症候群可能是供應面革命所帶來最驚人、最令人不寒而慄的心理遺跡。因為目前正在發生的事情並不正常，也不自然。曾經有別條路可走，而現在仍然還有別條路可走。我們將在下一章中提出部分討論。

然而，我們暫且先反思一下這個觀點：屏除基因和早年生活經驗兩項因素後，完美主義並非我們的自主行為所造成，而是來自各個文化中的壓力。我意識到這種觀點像虛無主義，因為它表明完美主義並非我們個人能夠自行解決的。即便如此，我認為這種觀點比另一種觀點更能帶給人希望，因為另一種觀點基本上認為完美主義是我們的問題，是我們得自己解決的問題。

許多人無疑會提出異議。他們可能會說，若將責任歸咎於「制度」，可能意味著完全消除我們從內而外改變自己的希望，但我想要消除虛假的希望。在這種文化中，靠正向的思考就想克服根深蒂固的不足想法是不可能的。這些不僅僅是想法，而是結合邏輯與理性的感受，其強度等同於促成此想法的不間斷制約作用。當我們在所有的生活小祕訣、正念訓練和自我照顧之後發現，這個經濟體制因仰賴我們的不安全感而持續存在，因此我們只會感受到更多而非較少煩惱。

意識到自己雖然非常努力擺脫完美主義，但卻因為無力靠自己掙脫而讓事情變得更加困難，這是非常令人煩惱的。我懂你。然而，發現自己越來越難擺脫它是因為經濟體系需要你內化你還不夠好的核心信念，這就完全是另外一回事了。雖然這麼說看似有所違背，但我真誠地相信，這個所謂的另外一回事是指安慰而不是煩惱。

我為什麼會這麼說呢？

因為當你評估反對你的力量時，你會意識到追求完美無論在任何方面、形式或形態上都不是你的錯，你**已經**夠好了。是你所處的文化，那個吞噬並包圍著你的文化，並不允許你感受自己難以理解的存在並真正地接納它。

如果你能理解這一點，如果能看重、珍愛自己作為一個令人驚嘆的人類，如果能知道所認為**應該**成為的一切，只是一套文化制約下的觀念，這些觀念的存在純粹以促進經濟成長為目的，而你在這些結構性的約束下進行全面轉變的能力是有限的，至少目前是如此，那麼你將能夠承受這個世界所帶來的最壞情況。這就是真正的希望。一種誠實的希望。一種直接面對現實世界的希望。這種希望不會用虛假的個人轉變的承諾來誤導你，而是先喚醒你的意識，讓你知道需要轉變的不是你自己。

我們可以打破完美主義的循環，但首先必須掌握知識，使我們能夠認知並接受自己所能控制的事物是有限的。通常情況下，我們的夢想會被粉碎，事情的發展方式可能不會在我們的計畫之中。關鍵不是陷入後悔和自我憎恨的深淵，正如我們的經濟體希望我們做的那樣（有人提到購物療法嗎？），而是要努力在那個未加修飾的現實中心態平和地過生活，知道無論發生什麼事，時間仍在前進，我們仍然繼續存在著。

我在這本書中投入大部分篇幅揭露我們著迷於完美主義的根本原因。正如人們所說，知識就是力量。如果我們允許，知識也可以成為非凡療癒的源泉。這讓我想到自己在復原過程中一直思考的一些事情：接受。接受這樣一個事實，即行動、呼吸和存在的簡單行為意味著我們很重要，我們夠好。接受這並非是我們自己的錯，我們的經濟不斷地試著灌輸我們不安全感，但這並無大礙，我們可以將現實擱置一旁，不需要按照預期的方式去反應，不需要改進什麼事物，不需要完美。

接受並不意味著放棄，也不僅只是接受我們周圍的不公正。你可以希望事情改變，並為這種改變而奮鬥，同時仍然接受現實世界的現狀。這是我們的挑戰，所以讓我們更仔細端詳接受的行為，從最基本的文化基點開始：成長。

我必須坦承，在寫這本書之前，我對心理成長的概念相當著迷。成長心態在我看來是一種強而有力的修正策略，能用以應付完美主義的僵化行為和不合理信念特徵。畢竟，成長涉及到的是那些可控的美好事物，像是過程、挑戰、學習、發展等等。這種心態使我們能夠持續面對挫折，或是更能從失敗中學習，從而為更豐富、更滿足的生活奠定基礎。

然而，我寫完這本書後，越發覺得成長心態並非表面上看起來那麼完美。首先，我並不希望自己的思想被設定在任何事物上，即使這些事物被認為是健康的。這種僵化的要求與它所應該修正的事物同樣具有限制性。更重要的是追求成長與追求完美的對立則會導致搞錯重點。就像它源自於成長至上的經濟體一樣，成長至上的心態只允許我們不斷成長。這意味著當我們跌倒、遇到挫折、遭遇障礙，或者單純搞砸了一件事情時，需要將這些非常普通的失敗經驗轉化為其他事物，無論是什麼都意味著成長的事物。

二〇〇九年歐巴馬對美國學童的演講中說道：「你不能讓失敗定義你自己，你必須讓失敗來教導你。」[2]

這聽起來像是一則智慧箴言。但仔細觀察，顯然這個核心訊息實際上主張了一種非人性的觀點。因為其中的含義是，我們不能讓失敗和缺點僅成為一種帶有喜悅的提醒，提醒我們作為一個脆弱人類的意義為何。恰恰相反地，我們從歐巴馬等人的「失敗更好」言論中，學到的教訓是必須始終對失敗保持高度警惕，並在遭遇失敗時找到一種方式將其納入成長的救贖敘事中，以便不留下任何痕跡作為持續的提醒。

每一個「失敗更好」的陳腔濫調都試圖在失敗上撒上仙女粉末，將其消毒、戴上蝴蝶結，並以帶有「成長」標籤的閃亮衣襟送到這個世界。在這些「感覺良好」的陳腔濫調中，沒有一個允許我們放下脆弱的人性，只是讓脆弱滲入我們的生活中，就像吃飯或喝水一樣重要。為什麼我們必須一直成長和卓越呢？為什麼失敗**需要**不斷修復呢？為什麼不能讓它成為它本來的樣子，我們有限生命中的一個正常且自然的部分呢？

坦白說，成長心態看似宣稱讚揚失敗，但實際上卻並非如此。

伴隨著成長而來的是更多的成長，然後再加上完美主義，這就是成長至上經濟學的基本心理。但你我並不是為了追求最大利潤而不斷重新塑造的商業模型，也不是為了實現最佳表現而一再修正的機器齒輪。我們是有限的人類，會老化衰退。我們的成長資源並非無窮無盡。

即使我們具備超人般的耐力，也應該明智地提醒自己，我們往往不能從失敗中學到什麼。我們清楚知道該怎麼做，只是自己混淆了，晚上睡不好，或遇到了更有資格或特權的人。這就是生活。總會有糟糕事發生。當事情發生時，成長至上的心理學將會嚴重失效，因為它讓我們陷入無情的、自我改進的囚籠中，不斷地追求不管是什麼樣子的「成長」，最終將我們囚禁在追求完美的需求中。

儘管這是我們大多數人身處的困境，但這並非是我們可能在無意中陷入的唯一困境。從表面上看，我將整個體系對成長的著迷歸咎為我們對完美的迷戀，這可能輕易將我們困在另一只被害者的囚籠中。在那種情況下，憤怒、怨恨和不滿將誘使我們被囚禁，儘管這些情緒的出現可能具有充分的理由，但它們只會帶給困在其中的人痛苦。

這就是為什麼在擺脫完美主義並走向接受的過程中，我們不能從一個囚籠直接跳進另一個囚籠。在很大的程度上，我們的不安全感的確出自於供應面經濟體。沒錯，我們有足夠的理由感到委屈，富有權勢的人設法讓我們身處於感到滿足就會崩解的社會裡。但「體制」不在我們的個人掌控範圍內，這是一個政治問題，需要透過集體行動來回答。

我們可以控制的是如何回應這樣的認知。因為如果我們能夠找到一種方式超越文化制約的巨大壓力，將會發現我們可以完全接受自己不完美的身心，因而不需要持續地成長、更新與改進它們。同時我們也會發現我們的身心可以向著許多不同的方向與速度進行。是的，有時我們確實會急速奔向成長，但有時我們會緩步前行，幾乎察覺不到自己正在成長。有些時候，我們可能需要完全改變方向或收斂自己，又或者僅僅讓自己在時間的流逝中老化衰退。

如果我們只允許自己心理只能成長，就會讓我們拒絕接受其他現實的存在。讓自己慢下腳步，讓退步和失敗成為生活中的一部分，與其和平共處，儘管與它們對話有時會感到不自在，卻有助於我們思考人類存在的真正意義。更重要的是，這也有助於我們清楚思考，為什麼成長、不斷追求更多、更大和更好，並不是我們認為的解決問題的答案。

那麼我們如何讓自己朝著接受的方向邁進呢？我越思考這個問題，就越意識到需要理解的事情還有很多。「足夠好」似乎是一個不錯的起點。然而，這並不是一個簡單且明確的過程。對自己說「我已經足夠好」是一回事，真誠地相信它則又完全是另外一回事，尤其當我們身處在一個致力於灌輸相反概念的文化中。因此，接受不能只是接受自己。正如我們在這本書中所學到的，我們也必須接受身處的文化讓這種接受成為一種最不容易的事。

從正視事實開始，並以此為基礎開啟建立。

卡倫．荷妮在她的治療關係中強調文化的重要性，從不掩飾事實。她總是直言不諱。她從不對病患隱瞞，若要卸下完美主義的護胸板，就必須面臨龐大的挑戰，因為我們的文化要求完美。她說：「我們的限制大多是由文化和社會制約而成。」[3]她明白歸屬、自尊和滿足等內在需求，以及為了滿足這些需求所面臨的逆境可能會引起的衝突。她也明白有時候我們必須隨著文化的潮流才能生存下去。

這就是接受，但是這種接受的根基是清楚意識到自我與自我限制，以及我們無法控制的外部世界如何造成我們的內在衝突。荷妮說在這個「威脅四伏的世界」中，接受自己將是一個「困難的旅程」，它「可能永遠無法徹底實現」，但仍極其值得我們「全心全意地投入」。[4]如果你準備踏上這個旅程，如果你準備摘下完美主義的面具，放下理想化的形象，並敞開心扉與他人交流，那麼你將像荷妮一樣，由於能接近真實自我、在「完美」表象下真正的本質，而體驗到的喜悅。

然後，甚至在沒有察覺到、沒有刻意努力的情況下，你將會發現自己愈來愈不需要完美主義。

荷妮認為，開始這個旅程的關鍵在於認識到「適應心理常態」正是引起完美主義問題的最初原因。[5]儘管這樣的說法略帶挑釁，但她的適應心理常態正是我所謂的「靈魂的斯德哥爾摩症候群」。我們必須知道，適應文化對我們有害，所以我們必須努力消除學習文化的衝動，並學會享受荷妮所謂的「心理健康」。[6]

荷妮的心理健康意指接受自己和所有的感受。一九三〇年代和一九四〇年代，她致力於對抗父權文化的適應問題，因此她意識到邁向這種接受的第一步非常艱難，而且絕對不能保證成功。但荷妮也向我們保證，隨著時間經過與付諸實踐，就會**感受**到事情開始有所不同。

相信這個過程並了解接受自己是個陌生的領域。有時你可能會感到絕望，而且往往會覺得無法完全接納自己，因為揭露全部的自己實在是太困難了。我要強調的是，就像生活中大多數的事情一樣，如果你來自弱勢或具有少數族裔的背景，這種揭露將更加困難。這意味著耐心將成為一種美德，特別是對那些必須讓自己徹底改變以符合社會「理想」的人來說。我認為考量這個問題的方式，就如同沒有人第一次拿起吉他就能即興彈奏出〈加州旅館〉（*Hotel California*）。相同的邏輯，我們不可能在一夜之間完全除去幾乎像是本能的印象管理衝動。

然而，在印象管理之下存在著一系列更基本的焦慮問題，我們可以開始處理這些問題：對評判的恐懼、對拒絕的恐懼、對失敗的恐懼。

直接面對這些焦慮是下一個最重要的步驟。雖然這麼做非常地困難，但還是要堅定地面對。列出心目中完美應具備的樣貌是一個好方法。從清單挑出一些挑戰你根本焦慮並讓你感到不舒服的事情。也許可以和工作場所裡較友善的人聊一聊；不要使用濾鏡自拍；暫時停用社群媒體；在失敗時善待自己；提出問題，即使你覺得它們很愚蠢；在通常會讓你感到不舒服的情況下勇敢發聲；提交工作申請；與老闆討論你應得的加薪或晉升；拒絕無償工作；放棄擁有的地位；做你喜歡但不是世界冠軍的事情。

然後觀察看看發生了什麼。結果如何？你有什麼感受呢？

經歷這些初步行動所產生的焦慮感，與之共處，並反思這種感受。不要反應、壓抑或將其轉化為其他事物。就讓它洗滌你，讓它存在。你會發現惶恐不安使你了解一些重要的事。如此迫切需要、更不用說害怕失去的認可，不過是為了支撐完美的自我。讓這個領悟深入心中，並問自己：「那個不可能的『我』，真的值得讓自己生活在害怕中嗎？」

持續面對那種恐懼，隨著你能更加自在地展示真實的自我，便愈來愈能夠讓外界進到你的生活中。讓那些遠離你、在你影響範圍之外的力量洗滌你，並抵抗那種不停地想要在這世界上嘗試和作為的衝動，彷彿所有事情和你周圍的一切都能變得完美。事情將會發生；朋友和熟人會說和做一些傷人的事情；老闆和政治家們會做出改變生活的困難決定；

自然災害、極端天氣和致命的大流行將成為「新常態」的一部分。

我們無法預測這些事情，更不用說控制了。它們往往在我們最意想不到的時候突然出現在我們的面前。然而儘管如此，我們的本能是堅持臨床心理學家大衛．斯梅爾（David Smail）所謂的「神奇志願主義」（magical volunteerism），即誤以為我們可以單憑自己的努力決定生活的軌跡。[7]因此，除了努力接受自己之外，同樣重要的是接受那些事物無法被改變的必然性。這意味著必須直接面對評判、拒絕和失敗的恐懼，勇敢地展示自己，並接受痛苦、煩惱和艱難時刻是生活中不可逾越的一部分，並且在實踐過程中，不讓它們變成不必要的痛苦和自我厭惡。

心理學家塔拉．布拉克（Tara Brach）將此稱為「徹底接受（radical acceptance）」。[8]徹底之處在於它描述了接受生活的樣態，接受生活的本質，而非一直擔心為什麼生活沒有更好或我們應該做得更多。當然，生活環境和這些環境所帶來的後果意味著，這種接受對於某些人來說，會比對其他人來說更為困難。但這並不表示它不那麼重要。在許多方面，生活中的困難使得徹底接受顯得更加重要。

我還想澄清另一件事：徹底接受並非放棄，也不是接受命運的安排。你可以對自己正在經歷的事情保持徹底的接受，同時仍努力奮鬥，開創自己的道路，並在這個過程中取得偉大的成就。只是奮鬥就像生活一般，我們必須盡可能地順著經驗之流，像是過程、學習、成長、享受、自我發現等等，而不是結果、標誌、獎項、地位、聯盟排名或我們可以追求的其他衡量標準和指標。這些衡量標準和指標可以讓我們躋身於高位，但卻在我們的掌握之外。

將徹底接受想像成駕駛帆船穿越波浪。當你接受並非所有事情都在你的掌握範圍內，你無法將其修復、改善或完美化時，你會大概知道自己的目標在哪，並能制定前往目標的路線。有別於那些相信神奇志願主義的人，你將充分認識到，條件將決定旅程的困難程度和到達目的地所需的時間。

當你在航程中遭遇風浪，在浪頂和破浪時，你會不規則地上下晃動，這是生活中不可避免的挑戰。有時你會受到友好順風的幫助，那很好，盡情享受吧！然而有時你可能需要全力以赴才能保持前進，這也可以，但要有個限度。還有些時候，情勢會決定你必須隨波逐流，至少暫時是如此。

堅持學習接受這些現實並忍耐下去，因為每一刻的不適都是值得的，尤其是當條件不利於你的時候。這並不會那麼地容易，最具挑戰的就是你常常因充滿疑惑和絕望而屈服，有時甚至會受到社群媒體的誘惑、廣告的吸引，或在學校或工作中的競爭壓力中感到痛苦，然後你又會重新套上那完美的偽裝。

你可能會感到灰心，但請記住**掙扎本身就是重點**。我們的目的是走向接受的路途，而非舒適地停留在目的地。每一次挫折都再次提醒你違反文化常理所帶來的嚴重性。所以，無論如何都要對善待自己，並知道這是非常困難的，不論你認為自己是否有所進展，都要努力接受，對自身處境感到舒適，或許是你能做的最勇敢的事情之一。

繼續前行，不要屈服。每次站起來重新投入前線，你的自信就會多一點，並離接受的目標更近一點。你將越來越能體驗到，當你做出真實決定並全力承擔責任時自發的喜悅，而且這種情況會越來越頻繁。相信我，沒有什麼比試圖成為別人——那個完美的人，更讓我們感到不舒服的事了。而沒有什麼比思考、感受和表達屬於我們自己的東西能使我們更喜悅。

根據卡倫．荷妮說法，治療的目標就是達到這種自發性的喜悅。這種喜悅表明患者已經回歸自我，感受到「真正的整合和完整感，一種融合一體的感覺……不僅身心、行為思想或感受都和諧一致，而且是在沒有嚴重內在衝突的情況下運作」。[9]正如荷妮曾治療一位最具完美主義的患者在一封信中所說的：

直到現在，我對一切一無所知，一無所悟，因此無法愛任何事物，原因很簡單但卻令人難以置信，那就是我不曾存在！在我生命中的四十多年裡，我一直自我放逐，但卻沒有察覺到這一點。直到現在，僅要能夠明白到這一點就非常的不容易。這不僅結束了所有的衰亡，更開啟了生命。

就像那位患者一樣，我們可以觀察到完美主義正在剝奪我們的生活。然後，藉由極大的耐心和毅力，我們可以開始接受自己，或者如荷妮的患者強烈表達的那樣「開始生活」。將「建構在我看起來如何、我擁有什麼、或我取得了什麼成就的自我」轉變為「我就是我，而我已經夠好了」。屆時你就會知道自己終於擺脫了完美主義的陷阱。

保羅．休伊特始終致力在工作上幫助完美主義者，因為完美主義是個非常棘手的挑戰。正如他一次又一次地觀察到的那樣，患者很少能意會到完美主義就是問題的根源。這表示若要戰勝完美主義，受苦的我們首先必須明白，完美主義並非如同我們所認知的那樣。把我們困在高壇上的不是競爭力和超高效能，而是不安全感和羞恥的偽裝。

我希望這本書能幫助你相信這一點。重新認識這種最奇妙的特質，你將能讓自己決心踏上不同的路徑。選擇新的方向將會改變你與世界互動和看待世界的方式，本書中已有諸多描述。儘管如此，本章節將揭露最重要的變化為何：首先，將完美主義視為**需要正視和解決的問題**；其次，認識到我們之所以受到這種困擾，是因為我們的經濟和文化**需要並讚頌它**；第三，在此現實中，全心全意地**接受現在的自己和生活狀態**，並明白這樣的接受可能永遠無法被完全實現。然而，經歷這份喜悅所帶來的心靈豐盛，是我們願意克服困難和努力前進的動力所在。

最後，我應該明確指出一點，因為這很重要：我們可以懷抱雄心壯志，並致力實現偉大的成就。努力奮鬥絕對沒有問題。我的意思是我們應該像我的祖父那樣，專注於經驗的

過程，以及這份經驗在世界上留下的影響，不要擔憂結果或他人的認可，不要一直煩惱能學到什麼，如何「更好地失敗」，或者是否「成功了」（或完全「失敗了」）。我們必須時刻提醒自己，「我們就是我們自己」，「我們已經足夠好了」。

這就是我們個人可以採取的逃離完美主義陷阱的方法。那麼這個社會又該如何呢？

第十三章　後完美主義社會的後記

或足夠好的共和國生活

雖然不能改變所有面對的事物，但若不面對則無法改變任何事情。

美國作家　詹姆斯・鮑德溫（James Baldwin）[1]

從許多方面來說，最後這一章是最難書寫的。我希望能為那些因完美主義而陷入掙扎的讀者帶來希望，讓他們留意一些事情以便應對這種困境。如果付出足夠的耐心和毅力，就能接納自己和現況。然後慢慢地、時好時壞，通過不斷地反思，能開始有更多自發性的喜悅，這在世界各個角落的孩子身上都能看到，即使是最貧困的孩子也是如此，只是單純享受活著的感覺；或者當你意識到自己愛著他人時湧上心頭的那種喜悅；或者那種在與自然界建立親密聯繫的瞬間所湧現的情感。

當我們經歷滿足的時候會感到滿心喜悅。喜悅的存在本身就是一個好消息，只要能夠接納自己和現況，都有機會感受到這份喜悅。

壞消息是，我們不被允許去接觸這份喜悅。當我們了解這個現實，相應地改變**自己**，將個人責任作為解決問題的核心時是很危險的。我們可以且應該借助某些方式來釋放壓力——展示自己，釋放雜念，實踐自我慈悲，接受失敗，並選擇一條內在的生活之路。然而，這些事情並不會改變事實：我們的經濟束縛比以往任何時候都更具壓力，它灌輸我們完美主義，從未讓我們感到滿足，並讓我們不斷地渴望著更多。我們無法接受自己對這些結構性條件的控制極其有限，我們被導向完美主義，並責怪自己無法征服它們。

我試著告訴你，可以反抗這種制約的養成，改變自己實現更大程度的接納。當然，**做點什麼**總比什麼都不做還好。

但我們不能就此止步。我們是生活在一個共同社會中的公民，如果希望在共同的壓力下取得任何明顯的進展，我們必須同意共同管理這個社會。在政治家、經濟學家和社會規畫者的眼中，完美主義者可能是理想的工作者和消費者。但如果他們所謂的成長是要告訴我們只要關心工作和消費，那麼某些地方就會出現嚴重的問題。缺乏如友情、無條件的愛、慈悲、同情和誠實等內在需求，以及不滿、不安全感、焦慮和不快樂等疏離感，都是社會失能的結果。而社會失能顯然是個政治問題。

在二〇二二年七月一個陽光燦爛的下午，隨著新冠病毒解封，許多事情開始重啟。我坐在一家位於義大利北部帕多瓦市（Padua）河谷廣場下的咖啡廳，一邊欣賞花園的景觀，一邊品嚐著索瓦（Soave）白葡萄酒。旁邊坐著附近大學的學生們，我們正在討論完美主義。突然話題轉向社群媒體和數位化的義大利社會，我不自覺地加入一個關於後現代主義的對話中，即使我心裡並不想探討這個話題。

「那麼，庫蘭博士，你對尚．布希亞（Jean Baudrillard）所提出的『模擬概念』有何看法？」其中一位學生問道。「他認為我們是否已經變得如此依賴演算法、模型和地圖，以至於我們已經與現實世界失去了所有連結，這是否正確？」「這是否就是我們轉向完美主義的原因，因為我們試圖在模擬的世界中求生？」

「很棒的問題，」我回答。「你們覺得呢？」

「我認為是這樣的，」學生告訴我。「Instagram、人工智慧、虛擬現實。這些科技都很驚人，但也造成了一種完美的超現實，幾乎無法分辨真實生活與數位模仿。」

大家將目光轉向我。

我告訴他們：「我覺得呢？嗯，有一天晚上，我的同事弗雷德·巴索（Fred Basso）說服了我，讓我得出結論：布希亞是對的。」

「但後來我們冷靜下來，我不太確定。然而沉思後，我現在確信他的觀察很多都是真的，甚至比布希亞自己所能想像的具有更深刻、更遠大的影響。」

我覺得對於一個大概只讀了十頁布希亞就打開網飛的人來說，這已經相當不錯了。

可以確定的是這些學生非常聰明。這其實並不令人驚訝，因為義大利擁有地球上最好的公立教育系統之一。事實上，它的教育相當出色，因此即使是最富有的人在這裡也很少選擇私立學校。這些學生還很年輕，不論是全球化、互聯互通、超級金融化、科技中介、供應面經濟的成功，他們都有不同且更清晰的看法。

我們繼續聊著經濟、社會、政治，以及這些事物對心理學的影響。一個好奇的學生鼓起勇氣問道：「脫歐真的是一種抗議的投票表決嗎？人們對現狀真的那麼憤怒嗎？」

「他不想談論那個話題！」另一個人厲聲回應。

我友善地說道：「沒關係。基本上，一切都是相關聯的。」

「脫歐和川普都是源於不安全感的現象。它們只是把不安全感投射到外部。支持這些災難性運動的人感覺到逐漸惡化的生活水準。他們深知自己被搞糟了，但問題是無法確定是誰在害他們。因此諷刺的是，他們將那些造成他們不安全感的表演者和獨裁者當作替代品，藉此彌補內心所缺乏的安全感。」

眾人點頭稱是。我可以看出這是一種他們理解的語言。

「而之所以缺乏這種安全感，是因為無法擺脫這個經濟體系的束縛，這個經濟體系正像擰乾一條濕布一樣，竭盡所能地榨取每一滴可被榨取的利潤。」

一位年輕女士靠近並回應道：「在義大利，我們有句古老的諺語：『足夠就是充足。』

我可以肯定，過去我們義大利人幾乎很難意識到，過著特定生活的不安全感，或以某種方式呈現的不安全感。但現在不同了，英國和美國所發生的事情也正在這裡發生。」

更多人點了點頭。

當然，她是對的。看看周圍，供應面經濟學已真真切切地侵入義大利。在桌上的每個人都擁有一部智慧型手機，櫥櫃裡塞滿了快時尚商品，還有一個渴望新鮮內容的社群媒體帳戶。我覺得唯一不同的是，相較於英國或美國的年輕人，這些年輕人不會讓這些事物妨礙他們享受美食和美酒的樂趣。

儘管如此，我覺得他們身上有一種令人難以置信的希望。他們可能會參與這個經濟體系，但絕對不會被虛假的富裕所蒙騙。他們擁有這種離奇的能力，能夠與文化中不斷灌輸的觀念保持距離。而且他們本能上似乎能理解，對自己、社區和地球最好的事物，對經濟不一定是最好的。

不僅是這些義大利的年輕人，我日常接觸的絕大多數年輕人也都理解這一點。可以說，他們是接觸供應面經濟學最狂野表現形式的一代。但不知怎麼的，儘管這個經濟體向他們拋出種種挑戰，他們也能夠保持清晰的頭腦，提出正確的問題，並得出正確的答案。

在這本書中，我試著論證完美主義是一種文化現象。我們對完美的執迷，以及完美主義對我們心理健康和人際關係所造成的影響，就像是一種赤字跑步機，我們被迫不斷奔跑，越來越緊張，並投入更多精力去完善我們認為不完美的事物。此時此刻，不需要繼續奔跑。正如每個義大利人會告訴你的，需要的是放慢腳步的方法。

在接受這個事實之前，我們很難在實質上克服完美主義。我們必須讓自己、社區和生態系統得到復原，不再追求更多物質上的小玩具和小東西。我們必須選擇與人為善，而不是與人對抗，保護而不是浪費，必須拒絕從其他人類或自然界造成傷害的活動中獲利。換句話說，必須意識到經濟成長總是一種取捨，如果取捨的代價是我們的健康和幸福，那就不值得了。

如果我們能夠想像這樣一個社會，人們對於生活在這個世界上真的充滿熱情，那麼我們就能想像改變至少是一種可能性。可能性正是希望的藍圖，意味著事情不一定非得這樣，可以有所不同。我們可以擺脫對經濟成長的病態依賴，並了解知足夠便是富足。

為了描繪這個未來可能的樣貌，本章節是一種思想的實驗。我想要推敲一個公民群體的邏輯，他們的優先事項已經徹底轉變，並且全心全意地同意生活在一個不需要呈拋物線成長才能生存的穩定經濟狀態下。如果事情真的是這樣，我們將會改變哪些事物，實施哪些政策？我的提議並不是詳盡的建議，也不是要指示該怎麼做。我只是請你以開放的心態考慮它們，並想像如果其中一個、幾個或全部實現了，會發生什麼事情。會過得更好嗎？會更幸福嗎？完美主義是否依然是我們最喜愛的缺點？

不受限制的成長——正在傷害我們和地球，因此，我們必須擁抱一個抱持中立態度的穩定經濟。

經濟成長透過國內生產毛額單位衡量神化，變成全能的世俗之神。我們在它的祭壇前膜拜，把它放在高高的鍍金台座上，勝過其他一切。不論人類或環境需要付出什麼代價，經濟成長都必然會實現。例如在新冠病毒疫情期間，我曾在報紙上讀到英國政府對封鎖措施進行了成本效益分析。倫敦政府核心的經濟學家們算出，如果英國經濟不進行封鎖，每年死亡率維持在五萬以下，那麼將可維持合理的經濟利益。明確地說，為了經濟成長而犧牲五萬人是「可以接受的」。[2]

從經濟成長的角度來評估公共衛生危機或許是這個時代的象徵。除了公共衛生的問題外，社會上每個可獲利的部分都被迫開放，以換取國內生產毛額基點（basis point，編註：金融界利率變動的度量單位）成長。如果有一個外星人從太空降落，並認為人類的存在只是為了經濟的緣故也不為過。我們把經濟形容得好像是一個活生生的有機體，似乎它才是一個需要持續滋養且有感知的主體，而不是我們自己本身。

「對經濟有利的是什麼？」我們問。「對經濟不利的是什麼？」

當然，純粹追求經濟成長並不一定總是帶來破壞。在早期農業發展階段的社會中，經濟成長是我們唯一知道結束貧困、減輕苦難，並避免不必要死亡的方法。過去的二十五年來，全球有超過十億人脫離了極度貧困，而廣泛的經濟成長是其中的重要原因之一。[3]

隨著足夠的成長，貧困得到解決。然而當普遍富足超過一定程度後，經濟成長與改善生活水準的關係就會開始減弱，這正是西方社會這段時間以來所處的狀況。實際上我們所面臨的問題並非缺乏，而是儘管已達到足以提供每個人豐裕的生活水準，仍要維持這種缺乏感才能使經濟繼續成長。這是相當簡單的做法：你只需要一支由社會規畫者組成的軍隊：政治家、經濟學家、金融家、廣告商等等，他們在社會組織裡的角色就是製造這種缺乏感。在這本書中，我們已經談到許多製造缺乏感或不足感的方法。

我們能否轉而變成一個永續的經濟體，一個不需要製造缺乏感來維持成長的體系呢？在許多方面，這個問題已經變得無關緊要。因為轉為更永續的經濟體將不再是一個選項，而是必然。首先是因結構性的趨勢，例如人口老化、創新率的延遲、驚人的債務比率以及新冠肺炎的長期影響，都意味著經濟體的發展已在減速當中（並將繼續減速）。[4]其次，經濟成長與能源消耗密切相關。[5]這意味著每增加一個國內生產毛額基點，就需要相應數量的化石燃料來供應能源，進一步增加碳排放量，並加速具有毀滅性影響的氣候變遷效應。[6]

所以我認為真正的問題是，我們是否能及時覺醒呢？幸運的是，我們還沒有到無法挽回的地步。但是機會之窗正迅速闔上中，我本人並不特別樂觀，我認為當前這批目光短淺的領袖們，可能須等到災難真正發生時，才會被迫改變，而那時可能已是搥胸頓足之時。

荷蘭經濟學家兼永續研究者蓋婭・赫靈頓（Gaya Herrington）在一篇名為《預測全球崩潰的世界模型之數據檢查》（*Data Check on the World Models That Forecast Global Collapse*）的論文中提出令人不安的分析，她的研究清楚指出如果不及早改變，我們將會面臨的災難。她為多種成長的情境建立模組，例如全球糧食供應、自然資源容量和生態永續性等帶來的影響，並發現在每一種情況下，我們都面臨著生態上的「崩潰模式」，就算在極度樂觀的技術創新的前提之下，該模式也只能「適度趨緩」。[7]赫靈頓總結道：「人類正走向一條道路，限制成長將是被強加的結果，而不是自覺選擇的結果。」[8]

現實中的金融體系也非常可能面臨系統性崩潰。英國經濟學家安・佩蒂福爾（Ann Pettifor）寫道：「世界經濟一團糟，」這是因為主權、企業和家庭債務已達到無法持續的水準。債務水準如此之高，以至於我們已經將自己逼入了一個死胡同。佩蒂福爾表示：「突然停止會讓這個功能失調的金融體系崩潰，且現在已經完全依賴緊急援助手段。」[9]

我們不能再奴性般地依戀經濟成長的另一個原因是，繼續走這條路不僅預示地球和金融體系的崩潰，也預示人類自身的崩潰。在心理層面上，我們只能忍受有限的不安全感和自我懷疑。如果永遠無法感到滿足，如果必須不斷地追求更多，如果在某個時候不能放慢腳步，並享受滿足感，那麼最終也將在集體崩潰中受盡折磨。在許多方面，這個可怕結局的領先指標正是在社會設定之下不斷攀升的完美主義。

根據佩蒂福爾的觀點：「唯一的解決辦法是對系統本身進行手術。」佩蒂福爾所謂的手術，指的是全面重置經濟。英國經濟學家凱特·拉沃斯（Kate Raworth）一直在思考這種重置，如何在一個不將成長視為一切的新經濟中制訂經濟規則。她將這種穩定的經濟狀態稱為「甜甜圈經濟」（doughnut economy）並將其視為一個重新定位的藍圖。[10] 拉沃斯的甜甜圈是一個可持續循環的環狀區塊，為經濟成長設定上限和下限。如果成長過少，經濟將無法滿足公民的基本需求；如果成長過多又將超出生態可負荷的界限，對人類和環境造成重大損害。

在拉沃斯的分析中，我們已經遠遠超出了大多數的界限。實際上，呼籲經濟穩定的人，主要關心的是無節制成長對污染、全球暖化和生物多樣性損失帶來破壞性的影響。拉沃斯提出的解決方案是設定一個環境界線，並讓經濟成長在永續發展的甜甜圈內波動。她說，國內生產毛額將會在「不斷演變的經濟環境中上下浮動」。關鍵在於，除了容忍波動的成長，更須將其作為政策目標積極地加以引導。

你可以毫不客氣地說，這些都是不切實際的空想，你不會是第一個這麼說的人。簡單地說，我們應該非常仔細聆聽赫靈頓、佩蒂福爾和拉沃斯等人的觀點。因為這些學者所說的是，將持續追求成長作為我們唯一的政策目標是有害的，最終將使我們走向社會分裂的道路。這種分裂可能來自於自然界、金融體系或人類的脆弱這三者的健康狀況逐漸惡化。

拉沃斯的甜甜圈經濟顯示，我們不必一味地追求無節制的成長。我們可以限制成長，並將穩定經濟作為明確的政策目標。這種成長的上限不僅將給予我們最好的機會修復地球，穩定脆弱的金融體系，還將幫助我們擺脫完美主義帶來的各種傷害。它將向我們證明，滿足需求便已足夠；我們可以有所需求，但無需渴望不需要的東西。它將讓我們在家庭和社區中享受遠離競爭的時光。它將讓我們專注於生活中真正重要的事物：健康、人際關係和幸福。

國內生產毛額是衡量經濟成長的主要指標——但不足以全面評估進步。因此，讓我們使用其他指標來計算進步吧。

民主國家始終需要透過指標和基準來衡量進步。基於我們剛才討論的原因，較富裕國家的經濟成長並不適用這種衡量的方式。這就引出了一個問題：我們應該使用什麼樣的進步指標呢？我相信答案是幸福和福祉。

因為如果我們將重點從商品和服務轉移到幸福和福祉，每次提出新政策時，我們便可以問這些政策的幸福和福祉的代價是什麼？如果員工的休假權利被剝奪了，對幸福和福祉產生什麼樣的影響？或者，如果一家醫院被外包給私營機構，或者一家公共圖書館被出售給房地產開發商，那麼是否值得為了增加國內生產毛額而付出代價？還是這些政策會使大多數人的生活變得更加困難和痛苦？

英國經濟學家理查德．萊亞德（Richard Layard）認為，幸福和福祉應該成為核心公共政策。[11]他的研究顯示，經濟成長與整個人口的幸福和福祉之間的關聯性並不強。因此，根據他的觀點，政府應該優先考慮其他結果，如心理健康。萊亞德的研究具有極大的影響力，為全球各個以人民至上作為衡量繁榮的倡議提供了契機。

聯合國的人類發展指數（Human Development Index）或許是這類倡議最著名的其中一個。每年，它根據人類發展的三個範疇對各國的社會進步加以排名：健康長壽、教育水準和體面的生活水準。其他的國際指標，例如快樂星球指數、世界幸福報告和社會進步指數，也在不同程度上進行類似的評估，儘管它們的規模較小。除此之外，我們可能還需要監測完美主義的水準。因為作為社會壓力的晴雨表，它也是一項非常具有啟示的指標。

人類福祉指標已開始對政府產生影響。例如紐西蘭已成為首個將幸福和福祉指標納入政策考量的國家。同樣地，不丹擁有一個名為國民幸福指數（Gross National Happiness）的指標，用於評估政策對人類福祉的影響，以決定是否應該實施這些政策。這項指數逐漸獲得全球的重視，並在北美的一些城市，如維多利亞、西雅圖和歐克萊爾進行試驗。目前還沒有國家將人類繁榮置於經濟成長之前，但這些都是朝著正確方向邁出的步伐，鼓舞人心。

在一個穩定經濟體系中，工作將經歷顯著變化——因此我們要把這種變化視為一種減少工作時間的機會。

如果戰勝對於完美的迷戀是選擇生活在一個看重福祉勝過商品和服務的經濟體之中，那麼下一步將是管理溢出效應。就業正是溢出效應的其中之一。如果人們真的接受了成長並非萬能的觀點，而政治家也實施了相應的政策，那麼這將對消費產生深遠的影響，進而對就業產生深遠的影響。問題是：我們該如何管理這些影響？

當然，我們需要工作。如果每個人都停止工作，社會將會快速崩潰。而且，雖然一開始可能聽起來有點違背直覺，但一個不用工作的社會裡，每個人都坐在那裡找事情做，這跟一個完全耗盡的社會一樣無法帶來喜悅。隨著我們邁向穩定的經濟體系，我們面臨的困境將是如何保持足夠的工作人數，以達到最佳而非最大的產出。這對於已開發經濟體來說是個新的問題，儘管我們已經做了很多討論，但我們尚未真正認真地面對。

我們尚未真正認真地面對這個問題，因為消費降低必然意味著失去工作機會。當我們不再渴望快時尚商品，將不再需要那些零售工作者，像是負責將這些商品運送到全國各地的卡車司機，或是撰寫公關廣告的人員。停止討論這個問題並承認無法克服它是很容易的，但這個問題並非像我們所聽聞的那般難以克服。處理失業問題又不懲罰受影響的人，只需要意願、想像力和共同協力的集體行動。

首先要記住的是，我們談論的失業是什麼類型。假設人們已經決定要過著經濟穩定的生活，認為之前的工作和消費具誤導性，而且這些行為須付出節約和幸福的昂貴代價。在這種情況下，他們就有動力減少工作和消費，而失去的收入將因減少支出而抵銷。換句話說，他們已經決定在日常生活中放慢腳步。這是一個非常不同的情況，與導致經濟衰退的傳統需求減弱大相徑庭。在傳統需求減弱的情況下，人們仍然想要且需要一些東西，但卻長期沒有收入來購買這些東西。

在需求減弱的情況下，失業帶來了特定的問題。我們減少消費不是因為需求「削減」，而是出於積極樂觀的意識：生活不僅只有物質、地位和生產力；如果收入增加的代價是犧牲人生意義以及對工作與消費抱持完美態度，那麼這樣的收入增加是不值得的。如果這聽起來很奇怪，不妨閱讀大衛．格雷伯的暢銷書《狗屁工作》（*Bullshit Jobs*），書中那些工人的證詞正是以這種方式思考的。[12]他們深知自己的工作毫無真正的意義，但由於生活過於不穩定，所以無法辭職尋找更有意義的工作。這個經濟體中有著數百萬這樣的工作；它們存在的唯一理由就是讓成長的倉鼠滾輪持續運作，儘管那些從中工作的人所得到的殘羹剩飯越來越少，也要將其合法化。[13]

穩定的經濟狀態必然將重新分配這些無法報酬的工作。當然，在依賴浪費和尋求租金的產業中，工作機會將會減少，而專注於永續和節約的產業將會創造更多工作機會。例如軟體開發人員的工作是將敗壞的資源偽裝成複雜的衍生品，這些工作在穩定的經濟狀態中不會消失，而是轉移到更具有社會用途的工作任務上。因此他們的技能和才華不僅不會引發另一次全球性的經濟衰退，還能使社會更穩定、更具彈性。

在穩定的經濟中，狗屁工作消失的數量仍會勝過有用的工作。畢竟，如果總產出沒有趨於穩定或下降，我們努力追求的改變實際上就不會奏效。這個困境就在於如何處理這種過剩的勞動力。而這個困境有兩個面向。首先，如何讓那些工作經驗不容易轉移到其他產業的人獲得必需品；其次，如何將許多處於壓力和消耗性「狗屁」工作中的人，轉移到更能滿足自己和社會需求的新工作。針對第一個問題，一項公共教育計畫和看法認為，這些人正重新學習技能以促進社會改善，所以應該一起分享國內生產毛額，這似乎是個不錯的解決方案。至於第二個問題，共享工作是最顯著的解決方案。

任何追求經濟穩定成長的社會都必須考慮到工作共享。這幾乎可以肯定是需要的，但更重要的是，就我們的身心健康而言，工作共享將能使人們減少工作，同時仍可維持足夠良好的生活水準。對此顯而易見的反駁是：如果人們願意，就應該允許他們全職工作。對此我沒有意見。我的問題是：所謂的「全職工作」（full time）是什麼意思？如果我們對於「正確」工作時數的共識可以從六十個小時減少到四十個小時，為什麼不可以從四十個小時減少到二十個小時呢？

也許這聽起來像空想，但請考慮以下情況：我們已經進行了類似的反向實驗。自從一九七〇年代以來，婦女參與勞動力市場的比例增加了大約兩成，但工資並未因此增加。[14]如果一個社會可以增加工作量而不提高工資，那麼是什麼阻止我們減少工作量而不降低工資呢？

即使工作時間減少確實導致收入減少，但這也是相對的。減少工作與社會轉變同步進行，我們的工作、生產和消費都會同步減少。在這種所有事情都維持平等的情況之下，我們需要的收入遠遠少於現在的水準，卻能維持足夠良好的生活水準。這並不是接受較低的收入。我的重點是如果我們共同處理這些問題，那麼便不應該被羈絆在工作共享的經濟後果中，而能得到的回報則是更多的休息時間、較少的不安全感、較少的完美主義，以及更少伴隨而來的心理健康問題。

某種程度上，工作共享正在實現。但與其說是我們與其他人分享工作，不如說是與科技分享工作。視訊會議、自動化、電子郵件、人工智慧助手、電子日曆等，在許多例行工作中減少了大量的工作時間，同時並未損失生產力。問題是我們的經濟堅持認為：這些科技節省下來的時間不能用來享受，而是要填滿更多的工作。因此，試想在另一個世界中，我們使用科技的目的不是為了增加股東價值，而是為了讓全人類擺脫不必要的勞苦，想像一下有多少時間可以在家裡和社區中度過，嘗試新事物，建立新關係，享受新的休閒時光。

這些工具已經存在，只需要一個經濟體系，讓我們能夠使用這些工具來提高每個人的生活水準。

我明白了，我們對工作的痴迷就像信仰一個宗教，要擺脫這種狀態非常地困難。我只想說，除了薪資、地位和成功的職涯之外，工作在我們的生活中還有許多其他作用。它賦予我們尊嚴和一定的生活水準，並為我們的生活帶來意義和目的感。如果我們分享工作，同意少工作一些，這些東西都不會消失。消失的將是那些束縛人的不安全感、倦怠以及滲透到生活每個角落中的工作狀態。

如果我們能了解工作困境並非想像中的難以克服，那麼至少在原則上我們就可以開始制定變革的藍圖。開始全球倡議，例如一週工作四天，以及積極轉向更靈活的工作安排，這都是非常好的開始。[15]愈來愈多公司開始接納此類倡議，並發現他們的員工在接受這些安排後變得更加幸福，壓力更小，病假減少，且工作效率更高。[16]舉例來說，最近有三十三家公司試行每週工作四天後發現，與一週工作五天相較之下，員工的倦怠感減少了三分之一，疲勞和睡眠問題減少了近一成。[17]工作與生活的平衡以及生活滿意度也有所改善，公司收入也因此增加。就收入而言，或許實驗每週工作四天最知名的公司是微軟日本，讓員工多休一天，生產力竟驚人地增加了四成。[18]雖然提高生產力並不是我們應該轉而減少工作的原因，但工作減少而成果卻提升，確實令人感到驚訝。

儘管這些數據令人鼓舞，但我們必須更進一步。我不會假裝這很容易，但我確信，如果我們想要擺脫完美主義以及過度工作的不安全感所帶來的眾多身心問題，這將是必要的。而且，這些改變能否實現的關鍵在於大幅減少不平等。如果不在某種程度上控制貧富的差距，這一切穩定的經濟狀態、將幸福置於商品和服務之前、減少工作時間、享受更多休閒時間都將無法實現。

不平等是重大的社會疾病——在穩定的經濟狀態下只會惡化，因此我們必須竭盡所能讓天平回歸平衡。

「現在對我們徵稅。」這是一群百萬富翁在二〇二二年瑞士達沃斯（Davos）的金融政治精英聚會上的呼籲。[19]這些百萬富翁指出，美國頂層1％擁有的財富超過底層92％的總和，而美國最富有的五十人所擁有的財富超過了整個美國社會底層的一半。儘管美國顯然是個例外，富人和窮人之間不斷擴大的差距是現代世界大多數經濟體的顯著特徵。「當許多國家都在經歷生活成本危機時，這怎麼可能是正確的呢？」百萬富翁抗議者們問道。

這不可能是正確的，但這卻是供應面經濟學的必然結果。幾十年來，迎合利潤的作法，像是為富人減稅、放寬監管、金融化、全球化、削弱工會力量等等，導致經濟體系的不平衡，其中成長的收益集中在菁英階層之間。而且這不僅僅涉及收入和資產等問題，菁英階層的人生更長壽、更健康，擁有更寬敞的住所、私人醫療保健、每年兩次或三次的假期，而最關鍵的是，他們在自己的生活和他人的生活中擁有不成比例的權力。

問題是不只有供應面經濟會造成這些不平等。根據法國經濟學家湯瑪斯．皮凱提（Thomas Piketty）的說法，在低成長或沒有成長的經濟體系中，不平等現象也會失控。實際上他的研究顯示，長期而言，當財富回報率，像是房地產租金、股息等等超過經濟成長率時，富人和窮人之間的差距就會增加。[20]假設他在這方面的看法是正確的，並且有足夠的證據加以證明，那麼採取行動減緩經濟成長，甚至完全停止經濟成長，事實上只會進一步加劇我們已經存在的不平等和社會動盪。除非我們採取強而有力的預防措施，實現更均衡的收入、財富和權力分配。

在皮凱提的著作《資本與意識形態》（*Capital and Ideology*）中，提出了一些類似的措施。[21]最引人注目的是將全球財富稅的稅率調高至90%，適用於身價超過十億美元的人。此外還有一些其他措施，他建議對遺產和收入課徵漸進性稅收，並課收超過80%的頂層邊際稅率，就像在一九五〇年到一九七〇年間一樣。皮凱提還建議我們可以透過籌集的資金為年齡達二十五歲的人提供一筆資本基金，他認為如此將可促進投資和創業活動。

對於皮凱提而言，漸進稅不僅攸關重新分配資源和權力，也攸關節約。他在《世界報》

（*Le Monde*）上寫道：「愈來愈顯而易見的是，除非在各方面都能展開強大的運動來壓縮社會上的不平等，否則無法解決氣候帶來的挑戰」。[22]他表示：「全球最富有的10％須對近一半的碳排放負責，因為僅僅前1％人口的碳排放量就多過於地球上最貧困的一半人口。」對億萬富翁課以極高稅率可能會造成「最富有者的購買力急劇下降，因此能對全球減碳排放量產生實質上的影響」。

那些在達沃斯的百萬富翁所希望的是課徵漸進稅。然而，創造更公平的收入和財富分配不僅攸關漸進稅，也必須考慮其他預防措施。政治經濟學家提爾曼．哈特利（Tilman Hartley）、耶羅恩．范．登伯格（Jeroen van den Bergh）和喬治歐斯．卡利斯（Giorgos Kallis）在二〇二〇年為《政治經濟學評論》（*Review of Political Economy*）撰寫的一篇論文中提出了幾項相關的措施。[23]其中包括促進工人合作社，以便均衡分配企業利潤、實施利率上限和租金控制、加強提高工人安全性的勞工保護措施、提供基本收入、徵收土地和碳稅，以及更多投資於住房、醫療保健和教育等公共事務。這些措施有助於減少不平等，對於任何一個認真想要擺脫對經濟成長依賴的經濟體來說，實施這些措施迫在眉睫。

然而，在此我想聚焦於其中一項政策：基本收入。因為基本收入不僅能減輕處於不平等端的人們遭受的不必要痛苦，它還能瓦解我們對完美主義的集體依賴。

基本收入給人們真正的自由——使人不懼怕不幸，茁壯成長，因此我們必須付諸實現，取代福利制度。

一個正派的社會最基本的設想是，人們擁有無條件的存在權。人們不用為自己的存在辯護或贏得存在的權利，特別是他們不應該為了吃飯或找個溫暖的地方睡覺而被迫證明自己的價值。相反地，人們應該可以自由地表達自己，隨心所欲地進行自我探索，如果他們失敗了，也有權利不餓死或陷入貧乏。

這些是基本收入的核心理念，一個保證每個人都有收入的集中式經濟計畫。在這項政策之下，所有人至少會收到維持生計所需的最低金額，但也僅有如此而已。從今天的個人責任文化的角度來看，這種基本權利似乎有些奇怪。然而這個想法並不新穎：基本收入在基督教神學中確立，在世界各地許多原住民社區中實踐。

基本收入擴展了個人自由，這意味著沒有人需要在經濟上依賴他人。例如企業家可以冒任何的風險，卻不必擔心失去基本的生活所需。創作者可以隨心所欲地創作，只要他們願意過著基本需求的生活。所有的工作者一旦需要得到幫助，都能在基本收入的基礎上得到報酬。鑒於我們現有的福利體系規模龐大，很難想像基本收入的成本會高於我們的花費。如果我們考慮到醫療保健、心理健康服務和執法方面間接的開支樽節，成本可能還會更少。

當然，對於那些相信人性懶惰的人來說，基本收入或許令人無法接受，儘管這種相對憤世嫉俗的看法毫無事實根據。在一個菁英主義社會中，你會發現那些需要為自己特權辯護的人廣泛使用這種看法。[24]事實上，擺脫貧困的人不太擔心自己的處境，也不傾向拼命工作直到筋疲力盡，只為了證明自己的存在價值。

比起任何單一的政策，基本收入更能撲滅完美主義的火焰。有別於勝者全拿市場中虛假的自由，基本收入提供了真正的自由。這種自由讓我們有機會冒險、突破界限、冒險投資、選擇我們自己的道路，以我們感到舒適的方式表達自己，或在需要時休息、康復。不需要擔心缺乏的威脅，我們也知道如果事情不如自己所預期的話將會發生什麼事。基本收入還能消除人們身處困難時的羞恥感，阻止以非人道的方式來對待那些不如我們幸運的人，也不會讓我們以是否「贏得」社會地位來評判一個人。

在這項計畫的試驗中，已顯示出有望的成果。例如德國政策顧問克勞迪婭．哈爾曼（Claudia Haarmann）發現，在納米比亞進行基本收入的試驗時，工作率增加了一成，學校出勤率提高了九成。兒童營養不良的情況更減少了三成。[25]加拿大經濟學家伊夫琳．傅婕（Evelyn Forget）在她著名的曼尼托巴基本年收入實驗（Manitoba Basic Annual Income Experiment）中也得到類似的結論。[26]她所經營的保障收入計畫大大改善了馬尼托巴家庭的心理健康狀況，並提高了年輕人在學校的時間，同時更將住院率降低近一成。

多數支持基本收入的論點都將焦點擺在減輕貧困的面向，從這個角度來看，它確實懷有巨大潛力。但我認為，這項政策的好處遠遠不止於重新分配的潛在力量。對於現代生活中的每個人來說，顯然都無法逃避金錢憂慮。擁有足夠的金錢以維持基本生計，甚至維持體面，這些事情佔據著我們每天的思想，更不用說我們的噩夢了。基本收入使我們得以擺脫這種危險。競爭和職業階級仍然存在，這並無大礙。我們只是不需要不斷地證明自己，我們感到的恐懼將會減少，並更能欣賞人們的本質，而非他們所擁有的事物或價值。

換句話說，我們不需要做到完美才能在生活上過得去。

如果你正在閱讀這本書，我想你或許和我幾年前的經歷相似：努力追求完美，並疑惑自己為究竟什麼會有如此感受。因此，我希望你所經歷的旅程與我一樣。我希望它可以讓你欣賞自己有缺陷卻珍貴的人性。我希望它讓你以不同的方式思考對完美的著迷，不再將其視為內在驅動力或無法控制的強迫症，而是一種難以抵擋的關係特徵和文化現象，用埃里希．佛洛姆的話來說，是「公眾壓力讓我們變成和狼群在一起的狼」。[27]

我們在一個全然的消費文化中長大，追求的是無瑕和卓越，持續不斷地將缺乏感加諸在我們身上，從不讓我們喘息。在這種文化中，有一種集體地、幾近無意識地尋求完美。此外，儘管聽起來很「整體情勢」，但這確實提供了我們一個簡單的出路。如果能夠改變社會價值觀，擺脫我們對成長的迷戀，那麼擺脫完美主義將不再那麼困難。

當然，這說起來容易，做起來卻不簡單。如今，那些為了任何稍微可持續的事物而奮鬥的人，往往被貼上激進極端分子的標籤，被認為與極右派同樣危險和瘋狂。[28]而且，如果他們不知何故接近權力中心，無疑將面臨全天候監視，他們的垃圾桶在暗地裡被翻找，還須面對歇斯底里、失控的恐懼尖叫，直到他們停止抗爭，或從公眾視野中被徹底排除。如果你對此有任何疑問，可以讓其中一位勇敢的年輕環保人士登上福克斯新聞台（Fox News），哎呀，甚至只要在早間節目上露面，然後看看會發生什麼事。

可惜的是，大多數的自由派暗地以「文明」、「成熟政治」和「妥協」的名義作偽裝，共謀在政策上限制了什麼是可以接受的經濟。在某些方面，這比保守派的尖叫聲更糟，因為這些聰明的常春藤校友實際上已閱讀過報告了。他們信以為真地接受了這可怕的規畫（而不是隨意塗掉它們）。而且，他們已經被那些聰明且受過良好教育的科學家們——他們喜歡並尊重的人——明確告知，如果我們要避免全球溫度超過無法挽回的轉折點，就必須實現轉型，以保護現有資源為優先，而非無限地擴張。

然而，他們卻不願聽從。因為在一個被金錢極度污染的經濟、政治氛圍和媒體環境中，這個環境對一切抱有敵意，除了最微弱的表面改革外，還會迅速且兇狠地將那些提出困難問題的人排斥在外。拉上百葉窗，滿懷希望地相信，如果房裡的大人看不到巨大隕石正在接近，那麼這顆隕石肯定不會朝我們飛來。不論是左派還是右派，工黨還是保守黨，民主黨還是共和黨；在經濟問題上，都是同樣地機器運作方式。在選舉日時，我們選擇的不過是這台機器運作的電壓罷了。

如果這真的是我們能夠提供給年輕人的最好選擇，那麼可以體諒他們對未來只會更加悲觀。以全球來看，十六至二十五歲的年輕人中，有四分之三的人對自己的未來感到悲觀，對地球的前景感到恐懼；超過三分之二的人認為政治已辜負他們。[29]關於這些問題，他們是正確的：他們的未來充滿不確定性，地球處於危險之中，政治已經辜負了他們。然而，儘管有著幻滅的情緒，儘管沒有其他選擇，儘管支撐這個體系的每一個機構似乎都不可動搖，這新一代的人仍保持批判性思考，堅定地拒絕被迫屈服。

事情可能會變得更糟糕。但近代世代的民意肯定不允許如此。他們不會像嬰兒潮一代和X世代的人那樣，選擇在經濟、氣候政策或社會問題上走保守路線。相反地，他們正轉向左翼。30

我在大學校園的走廊、演講和活動中、學術會議上，以及周圍的酒吧和咖啡廳中，見聞這種轉變的跡象。這些年輕人是如何堅決地不被打垮，實在是令人感到驚訝。他們持續拒絕接受一直以來被灌輸的「事情的常態」。大多在不被察覺的情況下，他們繼續爭取改革，他們的主張和那些引發今天所面臨的供應面革命一樣具有激進觀點。

這使我回想起義大利，回想起帕多瓦那個美好的夜晚。我在那裡品著美味的葡萄酒，享受著美味的食物，試著和那些聰明且口才流利的學生保持對話，我突然明白了。這些男男女女幾乎比我年輕了二十年，但他們似乎已經知道的道理，是我經歷了大部分成年生活後才明白的：**破碎的是社會，不是我們**。

只要我們能堅守這個事實，就不會迷失。我們可以幫助年輕人保障他們的未來。我們可以與他們並肩奮戰，或為他們而戰。我們可以攜手合作，共同謀略。我們可以一起懷抱希望，但必須迅速行動，因為陰影正在伸長，掌握權力的人並未顯示出改變方向的跡象。如果讓他們自行其是，他們肯定會浪費我們剩下的人力和自然資源，只為了讓一個搖搖欲墜的系統堅持足夠長的時間，以便從中提取最後幾萬億的利益，而不是為每個人創造真正的永續。

是的，我確實明白若要推翻這個經濟秩序的主宰地位似乎是一項難以達成的任務，也許確實如此。但是不論如何，因為利益太大，我們都不得不努力奮鬥。這場奮鬥必須來自基層，而非這本書的灰白頁面。所以，起身行動，組織起來，喧嘩起來，用你們的聲音和選票告訴權勢者，你們要求改變。此刻或許感覺無望，我有時也會感到絕望，就像對牛彈琴。但每當我想要放棄時，我會提醒自己：我們的時代即將到來，風向正在慢慢轉變，我們還有民主的力量。

如果我們能夠利用它，那麼在巨大的努力之下，我們也能建設出一個更美好的世界。

在一個晴朗的日子裡，如果我拉長脖子用盡全力望向遠方，我差不多可以看到一條彎曲的小徑，通往那個更美好的世界。在這條小徑上，我可以看到許多聰明、深思熟慮、富有同情心、慷慨和非常正直的人類，就像你一樣，走向這珍貴人性最後一絲希望的路上。為了你存在於這個世界上，並且閱讀這本書，我永遠心存感激。

我希望這能幫助你更加理解自己的完美主義。我希望這能幫助你用更宏觀的脈絡來看完美主義，發現它真正的起源。基因和童年的生活經歷確實相當重要，但在這之外，現代文化無所不在地對我們施加無法實現的完美壓力。這種壓力是無法逃避且持續不斷的，而且僅是為了提醒我們，不要忘記我們是不夠好的。知識揭示了這些錯誤壓力的真正來源，即我們不惜一切代價發展的經濟體系，知識讓我們有機會透過政治運動和政策找到逃脫的出口。

讀者：我們夠好了。我們每一個人都是如此。雌鹿飯店（Hind Hotel）的孤獨夜班門房和水力發電廠裡疲憊不堪的工程師，辛苦的清潔工在廁所地板上刷著污垢，還有在進行百萬美元換匯交易的疲憊銀行員。在我們脆弱的外表下，我們都有著相同的骨頭、肉體和血液。如果我們能夠接受那種共同的人性，如果我們能夠知道沒有人是完美的，也永遠不可能變得完美，那麼我們會發現，渴望、想要、渴求以及不斷嘗試更新和改進事物，這些都是短暫且毫無意義的狀態，而它們在這種文化中普遍存在，使我們與我們的不完美和流動的、有活力的能量脫節，這些能量真實活躍且存在於我們的內心，只要我們被允許進入，就能夠觸及。

你有權利去愛，並以你美麗而不完美的自己生活在這美麗而不完美的星球之中。為此而奮鬥吧。

致謝

這本書幾乎無法成書，因為好幾個月都花在拖延上、更換詞彙、重新調整結構、加減逗號、更換開頭詞彙，然後又放回去，這些動作導致這本書超過原定最後截稿時間有兩年之久。在所有那些猶豫中，透過熟練調解因猶豫不決引起的後續影響，並巧妙回復無數恐慌的「還沒準備好！」的訊息和電子郵件，我的經紀人克里斯・韋爾布洛夫（Chris Wellbelove）可能已經學到教訓：天啊，不要試圖說服一位完美主義者來寫一本關於完美主義的書。

謝謝你，克里斯，比我有遠見看到這本書的可能性並堅持到最後。

同樣地，也要感謝長期忍受我的編輯角石出版社（Cornerstone Press）的海倫・康福德（Helen Conford）以及斯克里布納出版社（Scribner）的瑞克・霍根（Rick Horgan）。雖然花了一些時間，但我們終於完成了。你們的指導（更不用說耐心了）使得這本書變成了一本極具價值的書。在編輯方面，我還要感謝哈澤爾·艾德金斯（Hazel Adkins）、艾蜜莉·赫林（Emily Herring）、羅伯（Rob）、伊莎貝爾（Isabel）、卡蒂雅（Katya）、凡妮莎（Vanessa）和奧莉維亞（Olivia），你們謹慎細心閱讀並提供評論。

同樣地，如果沒有我的博士導師兼好友安德魯·希爾（Andrew Hill）的指導，這本書也不會出現。感謝你在我努力更深入理解完美主義的過程中給予支持，並持續密切合作。我還要特別提及另一位導師霍華德·霍爾（Howard Hall），他在我的學術發展中扮演了重要角色，並且由於他一開始就押注支持我，我非常感恩。

在我的專業職涯中，也有許多博士生、教職員工和職員對我的發展和思考有重要印記。以下名單並不按照特定順序：桑德拉·喬夫切洛維奇（Sandra Jovchelovitch）、克里斯·杭特（Chris Hunt）、蓋雷斯·喬維特（Gareth Jowett）、莎拉·瑪琳森—霍華德（Sarah Mallinson-Howard）、保羅·愛普爾頓（Paul Appleton）、瑪麗安妮·伊瑟森（Marianne Etherson）、丹尼爾·馬迪根（Daniel Madigan）、安德魯·帕克（Andrew Parker）、穆斯塔法・薩卡爾（Mustafa Sarkar）、瑞秋・阿諾德（Rachel Arnold）、保羅・多蘭（Paul Dolan）、布萊德利・佛蘭克斯（Bradley Franks）、薩娜・諾丁—貝茨（Sana Nordin-Bates）、利亞姆・德拉尼（Liam Delaney）、凱瑟琳・薩比斯頓（Catherine Sabiston）、邁克・麥肯納（Mike McKenna）、馬丁・瓊斯（Martin Jones）、馬克・博尚（Mark Beauchamp）、詹帕・海德布林克（Champa Heidbrink）、尼科斯・恩圖馬尼斯（Nikos Ntoumanis）、安東尼・佩恩（Anthony Payne）、肖恩・卡明（Sean Cumming）、麥克・布特森（Michael Butson）、瓊・杜達（Joan Duda）、麥克・穆圖克里什納（Michael Muthukrishna）、米里安・特瑞什（Miriam Tresh）、帕特里克・高德羅（Patrick Gaudreau）、阿尼卡・佩翠拉（Anika Petrella）、克里斯・尼米埃克（Chris Niemiec）、理查德・賴恩（Richard Ryan）、瑪麗亞・卡烏桑努（Maria Kavussanu）、羅伯特・瓦萊朗（Robert Vallerand）、尼可拉斯・勒米爾（Nicolas Lemyre）、珍妮佛・希依—斯卡菲頓（Jennifer Sheehy-Skeffington）、詹斯・馬德森（Jens Madsen）和艾歷克斯・吉爾斯皮（Alex Gillespie）。

同樣地，我要感謝本書的主要人物保羅・休伊特和戈登・佛列特，他們花時間與我談話，分享了關於完美主義的智慧，這是其他人所不能做到的。我還要感謝馬丁・斯坦戴奇（Martyn Standage），他一直是我不變的支持來源（也是我最喜歡的4W咖啡的飲者）。還有弗雷德・巴索（Fred Basso），感謝他聆聽我喋喋不休地談論我只懂一半的哲學、閱讀我的草稿，並在倫敦政治經濟學院（LSE）外的酒吧進行課後辯論，探討經濟學和心理學。

同樣感謝利亞姆（Liam）、史都華（Stuart）和彼得（Peter）的友誼。

最後，尤其重要的是我要感謝我的家人。你們始終如一的支持、引導和愛（以及小屋，我在此處寫了很大一部分本書的內容）一直都是我重大慰藉來源並使這本書和我自己變得更美好，言語難以形容。雖然我似乎四處奔波，但你們是我忙的焦頭爛額的忙碌生活中唯一不變的存在。我非常愛你們。

註解

第一章：我們最愛的缺點

1 Gino, F. (2015). The Right Way to Brag About Yourself. *Harvard Business Review.* 線上資源參見：https://hbr.org/2015/05/ the-right-way-to-brag-about-yourself

2 Pacht, A. R. (1984). Reflections on perfection. *American Psychologist, 39*(4), 386.

3 Horney, K. (1937). *The Neurotic Personality of Our Time.* New York, NY: W. W. Norton & Company

4 Cohen, J. (2021). The Perfectionism Trap. *The Economist.* 線上資源參見：https://www.economist.com/1843/2021/08/10/the-perfectionism-trap

第二章・・跟我說我夠好

1 Sullivan, H. S. (1953). *The Interpersonal Theory of Psychiatry.* New York, NY: Norton.

2 American Psychiatric Association. (2013). *Diagnostic and Statistical Manual of Mental Disorders* (5th ed.). Arlington, VA: American Psychiatric Association.

3 Hewitt, P. L. & Flett, G. L. (1991). Perfectionism in the self and social contexts: conceptualization, assessment, and association with psychopathology. *Journal of Personality and Social Psychology, 60*(3), 456.

4 McRae, D. (2008). I'm striving for something I'll never achieve–I'm a mess. *The Guardian.* 線上資源參見・・https://www.theguardian.com/sport/2008/oct/28/victoriapendleton-cycling

5 Dinh, J. (2011). Demi Lovato Tells Teens That 'Love Is Louder'Than Pressure. MTV. 線上資源參見・・https://www.mtv.com/ news/46d7mo/ demi-lovato-love-is-louder

6 Isaacson, W. (2011). *Steve Jobs.* New York, NY: Simon & Schuster.

7 Greenfield, R. (2011). The Crazy Perfectionism That Drove Steve Jobs. *The Atlantic.* 線上資源參

見：https://www.theatlantic.com/technology/archive/2011/11/ crazy-perfectionism-drove-steve-jobs/335842/

8 Gladwell, M. (2011). The Tweaker: The real genius of Steve Jobs. *New Yorker.* 線上資源參見：https://www.newyorker.com/ magazine/2011/11/14/ the-tweaker

9 Tate, R. (2011). What Everyone Is Too Polite to Say About Steve Jobs. *Gawker.* 線上資源參見：https://www.gawker.com/5847344/ what-everyone-is-too-polite-to-say-about-steve-jobs

10 這非正式改編版測驗表取材自保羅與戈登的「完美主義多重面向量表」。此表並非經過嚴謹驗證的工具，其內容陳述沒有經過科學驗證，僅用於闡述說明。

第三章：沒殺死你的

1 Woolf, V. (1979). *The Diary of Virginia Woolf, Volume One: 1915–1919.* Boston, MA: Mariner Books.

2 Hewitt, P. L., Flett, G. L. & Mikail, S. F. (2017). *Perfectionism: A relational approach to*

conceptualization, assessment, and treatment. New York, NY: Guilford Publications.

3 Limburg, K., Watson, H. J., Hagger, M. S. & Egan, S. J. (2017). The relationship between perfectionism and psychopathology: A meta-analysis. *Journal of Clinical Psychology*, *73*(10), 1301–1326.

4 Smith, M. M., Sherry, S. B., Chen, S., Saklofske, D. H., Mushquash, C., Flett, G. L. & Hewitt, P. L. (2018). The perniciousness of perfectionism: A meta-analytic review of the perfectionism–suicide relationship. *Journal of Personality*, *86*(3), 522–542.

5 Smith, M. M., Sherry, S. B., Rnic, K., Saklofske, D. H., Enns, M. & Gralnick, T. (2016). Are perfectionism dimensions vulnerability factors for depressive symptoms after controlling for neuroticism? A meta-analysis of 10 longitudinal studies. *European Journal of Personality*, *30*, 201–212.

6 Hewitt, P. L. & Flett, G. L. (1991). Perfectionism in the self and social contexts: conceptualization, assessment, and association with psychopathology. *Journal of Personality and Social Psychology*, *60*,

456–470.

7 Hill, R. W., Zrull, M. C. & Turlington, S. (1997). Perfectionism and interpersonal problems. *Journal of Personality Assessment, 69,* 81–103.

8 Hill, R. W., McIntire, K. & Bacharach, V. R. (1997). Perfectionism and the big five factors. *Journal of Social Behavior & Personality, 12,* 257–270.

9 Nealis, L. J., Sherry, S. B., Lee-Baggley, D. L., Stewart, S. H. & Macneil, M. A. (2016). Revitalizing narcissistic perfectionism: Evidence of the reliability and the validity of an emerging construct. *Journal of Psychopathology and Behavioral Assessment, 38,* 493–504.

10 Habke, A. M., Hewitt, P. L. & Flett, G. L. (1999). Perfectionism and sexual satisfaction in intimate relationships. *Journal of Psychopathology and Behavioral Assessment, 21,* 307–322.

11 Haring, M., Hewitt, P. L. & Flett, G. L. (2003). Perfectionism, coping, and quality of intimate relationships. *Journal of Marriage and Family, 65,* 143–158.

12 Flett, G. L., Hewitt, P. L., Nepon, T., Sherry, S. B. & Smith, M. (2022). The destructiveness and

public health significance of socially prescribed perfectionism: A review, analysis, and conceptual extension. *Clinical Psychology Review, 93*, 102130.

13 Smith, M. M., Sherry, S. B., Chen, S., Saklofske, D. H., Mushquash, C., Flett, G. L. & Hewitt, P. L. (2018). The perniciousness of perfectionism: A meta-analytic review of the perfectionism–suicide relationship. *Journal of Personality, 86*(3), 522–542.

14 Sutton, J. (2021). Even the bleakest moments are not permanent. *The Psychologist.* 線上資源參見: https://www.bps.org.uk/psychologist/ even-bleakest-moments-are-not-permanent

15 Hill, A. P. (2021). Perfectionistic tipping points: Re-probing interactive effects of perfectionism. *Sport, Exercise, and Performance Psychology, 10*(2), 177.

16 Curran, T. & Hill, A. P. (2018). A test of perfectionistic vulnerability following competitive failure among college athletes. *Journal of Sport and Exercise Psychology, 40*(5), 269–279.

17 Sturman, E. D., Flett, G. L., Hewitt, P. L. & Rudolph, S. G. (2009). Dimensions of perfectionism and self-worth contingencies in depression. *Journal of Rational-Emotive & Cognitive-Behavior*

Therapy, 27, 213–231.

18 Dang, S. S., Quesnel, D. A., Hewitt, P. L., Flett, G. L. & Deng, X. (2020). Perfectionistic traits and self-presentation are associated with negative attitudes and concerns about seeking professional psychological help. *Clinical Psychology & Psychotherapy, 27*(5), 621–629.

第四章：我開始了自己無法完成的事情

1 Burns, D. D. (2008). *Feeling Good: The New Mood Therapy*. New York, NY: Harper Collins.

2 Hamachek, D. E. (1978). Psychodynamics of normal and neurotic perfectionism. *Psychology, 15*, 27–33.

3 Greenspon, T. S. (2000). 'Healthy perfectionism' is an oxymoron!: Reflections on the psychology of perfectionism and the sociology of science. *Journal of Secondary Gifted Education, 11*(4), 197–208.

4 Pacht, A. R. (1984). Reflections on perfection. *American Psychologist, 39*(4), 386.

5 Stoeber, J., Haskew, A. E. & Scott, C. (2015). Perfectionism and exam performance: The mediating effect of task-approach goals. *Personality and Individual Differences, 74*, 171–176.

6 Stoeber, J., Chesterman, D. & Tarn, T. A. (2010). Perfectionism and task performance: Time on task mediates the perfectionistic strivings–performance relationship. *Personality and Individual Differences, 48*(4), 458–462.

7 Harari, D., Swider, B. W., Steed, L. B. & Breidenthal, A. P. (2018). Is perfect good? A meta-analysis of perfectionism in the workplace. *Journal of Applied Psychology, 103*(10), 1121.

8 Ogurlu, U. (2020). Are gifted students perfectionistic? A meta-analysis. *Journal for the Education of the Gifted, 43*(3), 227–251.

9 Madigan, D. J. (2019). A meta-analysis of perfectionism and academic achievement. *Educational Psychology Review, 31*(4), 967–989.

10 Harari, D., Swider, B. W., Steed, L. B. & Breidenthal, A. P. (2018). Is perfect good? A meta-analysis of perfectionism in the workplace. *Journal of Applied Psychology, 103*(10), 1121.

11 節錄自Gaudreau, P. (2019). On the distinction between personal standards perfectionism and excellencism: A theory elaboration and research agenda. *Perspectives on Psychological Science, 14*(2), 197–215.

12 Hill, A. P. & Curran, T. (2016). Multidimensional perfectionism and burnout: A meta-analysis. *Personality and Social Psychology Review, 20*(3), 269–288.

13 Gaudreau, P., Schellenberg, B. J., Gareau, A., Kljajic, K. & Manoni-Millar, S. (2022). Because excellencism is more than good enough: On the need to distinguish the pursuit of excellence from the pursuit of perfection. *Journal of Personality and Social Psychology, 122*(6), 1117–1145.

14 Gaudreau, P., Schellenberg, B. J., Gareau, A., Kljajic, K. &Manoni-Millar, S. (2022). Ibid.

15 我們最後讓受試者知道他們的「失敗」只是為了實驗的目的所給的假回饋。他們隨後咒罵了幾句。

16 Curran, T. & Hill, A. P. (2018). A test of perfectionistic vulnerability following competitive failure among college athletes. *Journal of Sport and Exercise Psychology, 40*(5), 269–279.

17 Hill, A. P., Hall, H. K., Duda, J. L. & Appleton, P. R. (2011). The cognitive, affective and behavioural responses of self-oriented perfectionists following successive failure on a muscular endurance task. *International Journal of Sport and Exercise Psychology*, *9*(2), 189–207.

18 Sirois, F. M., Molnar, D. S. & Hirsch, J. K. (2017). A meta- analytic and conceptual update on the associations between procrastination and multidimensional perfectionism. *European Journal of Personality*, *31*(2), 137–159.

19 Hewitt, P. L., Flett, G. L. & Mikail, S. F. (2017). *Perfectionism: A relational approach to conceptualization, assessment, and treatment*. New York, NY: Guilford Publications.

第五章：隱藏的流行病

1 Flett, G. L., & Hewitt, P. L. (2020). The perfectionism pandemic meets COVID-19: Understanding the stress, distress and problems in living for perfectionists during the global health crisis. *Journal of Concurrent Disorders*, *2*(1), 80–105.

2 Georgiev, D. (2022). How Much Time Do People Spend on Social Media? *Review 42*. 線上資源參見・・https://review42.com/resources/ how-much-time-do-people-spend-on-social-media/

3 Flannery, M. E. (2018). The Epidemic of Anxiety Among Today's Students. *NEA News*. 線上資源參見・・https://www.nea.org/ advocating-for-change/new-from-nea/epidemic-anxiety-among-todays-students

4 The Association of Child Psychotherapists. (2018). *Silent Catastrophe: Responding to the Danger Signs of Children and Young People's Mental Health Services in Trouble*. 線上資源參見・・https://childpsychotherapy.org.uk/sites/default/files/documents/ACP%20SILENT%20CATASTROPHE%20REPORT_ 0.pdf

5 Royal College of Psychiatrists. (2021). *Country in the grip of a mental health crisis with children worst affected, new analysis finds*. 線上資源參見・・https://www.rcpsych.ac.uk/ news-and-features/latest-news/detail/2021/04/08/ country-in-the-grip-of-a-mental-health-crisis-with-children-worst-affected-new-analysis-finds

6 此份調查見於 Flett, G. L. & Hewitt, P. L. (2022). *Perfectionism in childhood and adolescence.* Washington: American Psychological Association.

7 Girlguiding UK. (2016). *Girls' Attitudes Study.* 線上資源參見‧‧https://www.girlguiding.org.uk/globalassets/ docs-and-resources/research-and-campaigns/girls-attitudes-survey-2016.pdf

8 Flett, G. L. & Hewitt, P. L. (2022). *Perfectionism in childhood and adolescence.* Washington: American Psychological Association.

9 Curran, T. & Hill, A. P. (2019). Perfectionism is increasing over time: A meta-analysis of birth cohort differences from 1989 to 2016. *Psychological Bulletin, 145*(4), 410.

10 Smith, M. M., Sherry, S. B., Vidovic, V., Saklofske, D. H., Stoeber, J. & Benoit, A. (2019). Perfectionism and the five-factor model of personality: A meta-analytic review. *Personality and Social Psychology Review, 23*(4), 367–390.

11 Haidt, J. & Twenge, J. (2021). *Adolescent mood disorders since 2010: A collaborative review.* Unpublished manuscript, New York University.

12 感興趣的讀者可以在以下書目找到其他所有有關完美主義理論的概述：Joachim Stoeber's excellent book, *The Psychology of Perfectionism*. (2017). London: Routledge.

第六章：有些人的完美主義比較強烈

1 Mead, M. (1939). *From the South Seas*. New York, NY: Morrow.

2 Plomin, R. (2018). *Blueprint: How DNA Makes Us Who We Are*. Cambridge, MA: MIT Press.

3 Iranzo-Tatay, C., Gimeno-Clemente, N., Barbera-Fons, M., Rodriguez-Campayo, M. A., Rojo-Bofill, L., Livianos-Aldana, L., . . . & Rojo-Moreno, L. (2015). Genetic and environmental contributions to perfectionism and its common factors. *Psychiatry Research*, *230*(3), 932–939.

4 Quote in: Seelye, K. Q. (2019). Judith Rich Harris, 80, Dies; Author Played Down the Role of Parents. *New York Times*. 線上資源參見：https://www.nytimes.com/2019/01/01/obituaries/judith-rich-harris-dies.html

5 Harris, J. R. (1998). *The Nurture Assumption: Why Children Turn Out the Way They Do*. New York,

NY: Simon & Schuster.

6 Harris, J. R. (1995). Where is the child's environment? A group socialization theory of development. *Psychological Review, 102*(3), 458.

7 Harris, J. R. (1998). *The Nurture Assumption: Why Children Turn Out the Way They Do.* New York, NY: Simon and Schuster.

8 我應該要強調這點，因為這極為重要。童年的創傷經驗對完美主義有非常重大的影響。的確在案例報告與數百份臨床研究中，證據充分顯示完美主義是面對虐待的因應機制。我並非臨床心理學家，我對這些議題無法表達任何權威性的看法。老實說，我也不應該如此做。這本書闡明了完美主義作為一種文化現象，也就是說完美主義影響了所有人。對早期創傷和完美主義感興趣的讀者可能會參考這些優秀的書籍：*Overcoming Perfectionism* by Ann W. Smith (1990), and *Perfectionism: A relational approach* by Paul Hewitt, Gordon Flett and Samuel Mikail (2017).

9 Paris, B. J. (1996). *Karen Horney: A psychoanalyst's search for self-understanding*. New Haven, CT:

Yale University Press.

10 Paris, B. J. (1996). Ibid.

11 Horney, K. (1937). *The Neurotic Personality of Our Time.* New York, NY: W. W. Norton & Company.

12 Horney, K. (1937). Ibid.

13 Horney, K. (1937). Ibid.

14 Horney, K. (1950). *Neurosis and Human Grouth.* New York, NY: W. W. Norton & Company.

15 Horney, K. (1975). *The Therapeutic Process: Essays and Lectures.* New Haven, CT: Yale University Press.

16 Kaufman, S. B. (2020). Finding Inner Harmony: The Underappreciated Legacy of Karen Horney. *Scientific American.* 線上資源參見：https://blogs.scientificamerican. com/ beautiful-minds/ finding-inner-harmony-the-underappreciated-legacy-of-karen-horney/

第七章：我所沒有的

1 Adorno, T. W. (1974). *Minima Moralia*. London, UK: Verso.

2 US Census Data. In Oberlo. (2022). *US Retail Sales (2012 to 2022)*. 線上資源參見：https://www.oberlo.ca/statistics/ us-retail-sales

3 eMarketer. (2022). Total Retail Sales Worldwide (2020 to 2025). *Oberlo*. 線上資源參見：https://www.oberlo.ca/statistics/total-retail-sales

4 Fischer, S. (2021). Ad industry growing at record pace. *Axios Media Trends*. 線上資源參見：https://www.axios.com/ 2021/12/07/ advertising-industry-revenue

5 Jacobsen, M. F. & Mazur, L. A. (1995). *Marketing Madness: A Survival Guide for a Consumer Society*. New York, NY: Routledge.

6 我們一直被告知：「如果沒有強壯的經濟，我們就無法有強壯的國民保健服務」。

7 Morgan, T. (2013). *Life After Growth*. Petersfield: Harriman House.

8 我明白這聽起來像是一種完全瘋狂的經濟組織方式，而實際上確實是如此，我向你保證這是我們靠債務推動，永不停止成長的共識背後的嚴肅邏輯。

9 Roper-Starch Organization (1979). *Roper Reports 79–1*. The Roper Center, University of Connecticut, Storrs.

10 Roper-Starch Organization (1995). *Roper Reports 95–1*. The Roper Center, University of Connecticut, Storrs.

11 Pew Research Center. (2007). *A Portrait of 'Generation Next': how young people view their lives, futures and politics.* 節錄自 https://www.pewresearch.org/politics/2007/01/09/a-portraitof-generation-next/

12 Easterlin, Richard A. 1974. Does Economic Growth Improve the Human Lot? Some Empirical Evidence. In *Nations and Households in Economic Growth*, edited by David, P. & Melvin, W. 89–125. Palo Alto: Stanford University Press.

13 Myers, D. G. (2000). The Funds, Friends, and Faith of Happy People. *American Psychologist, 55*, 56–67.

14 Kahneman, D. & Deaton, A. (2010). High income improves evaluation of life but not emotional well-being. *Proceedings of the National Academy of Sciences of the USA*. 107, 16489–16493. 由於通膨之故，我調整了一下原七萬五千美金的區間。

15 Phillips, A. (2010). *On Balance*. London: Picador.

16 Brown, B. (2012). *Daring Greatly: How the Courage to Be Vulnerable Transforms the Way We Live, Love, Parent, and Lead*. New York, NY: Penguin.

17 Germer, C. K. & Neff, K. D. (2013). Self-compassion in clinical practice. *Journal of Clinical Psychology*, *69*(8), 856–867.

18 Kernis, M. H. (2000). Substitute needs and the distinction between fragile and secure high self-esteem. *Psychological Inquiry*, *11*(4), 298–300.

19 Neff, K. D. (2022). Self-Compassion: Theory, Method, Research, and Intervention. *Annual Review of Psychology*, 74.

20 MacBeth, A. & Gumley, A. (2012). Exploring compassion: A meta-

analysis of the association between self-compassion and psychopathology. *Clinical Psychology Review*, *32*(6), 545–552.

21 Albertson, E. R., Neff, K. D. & Dill-Shackleford, K. E. (2015). Self-compassion and body dissatisfaction in women: A randomized controlled trial of a brief meditation intervention. *Mindfulness*, *6*(3), 444–454.

第八章：她的貼文

1 這是二〇二一年十二月Instagram執行長亞當・莫塞里（Adam Mosseri）出席參議院「保護網路上的孩子」聽證會所說的部分證言。證言內容亦可見於以下連結：https://www.commerce.senate.gov/2021/12/protecting-kids-online-instagram-and-reforms-for-young-users

2 Statista (2022). *Meta: annual revenue and net income 2007–2021*. 線上資源參見：https://www.statista.com/statistics/277229/facebooks-annual-revenue-and-net-income

3 Statista (2022). *Meta: monthly active product family users 2022*. 線上資源參見：https://www.

statista.com/statistics/947869/facebook-product-mau

4 Wells, G., Horwitz, J. & Seetharaman, D. (2021). Facebook Knows Instagram Is Toxic for Teen Girls, Company Documents Show. *Wall Street Journal.* 線上資源參見・・https://www.wsj.com/articles/ facebook-knows-instagram-is-toxic-for-teengirls-company-documents-show-11631620739

5 Wells, G., Horwitz, J. & Seetharaman, D. (2021). Ibid.

6 Wells, G. Horwitz, J. & Seetharaman, D. (2021). Ibid.

7 Wells, G. Horwitz, J. & Seetharaman, D. (2021). Ibid.

8 Twenge, J. M., Haidt, J., Lozano, J. & Cummins, K. M. (2022). Specification curve analysis shows that social media use is linked to poor mental health, especially among girls. *Acta Psychologica, 224,* 103512.

9 Freitas, D. (2017*). The Happiness Effect: How social media is driving a generation to appear perfect at any cost.* Oxford: Oxford University Press.

10 Etherson, M. E., Curran, T., Smith, M. M., Sherry, S. B. & Hill, A. P. (2022). Perfectionism as a

vulnerability following appearance-focussedsocial comparison: A multi-wave study with female adolescents. *Personality and Individual Differences, 186*, 111355. 11 Twenge, J. (2017). Have smartphones destroyed a generation? *The Atlantic.* 線上資源參見・・https://www.theatlantic.com/magazine/archive/2017/09/ has-the-smartphone-destroyed-a-generation/534198/

12 Salinas, S. (2018). Sheryl Sandberg delivered a passionate, defiant defense of Facebook's business. *CNBC.* 線上資源參見: https://www.cnbc.com/2018/04/26/facebooks-sheryl-sandbergs-brilliant-defense-of-the-ad-business.html

13 Statista Research Department. (2022). *Global Facebook advertising revenue 2017–2026.* 線上資源參見・・https://www.statista.com/statistics/544001/ facebooks-advertising-revenue-worldwide-usa/

14 Davidson, D. (2017). Facebook targets 'insecure' young people. *The Australian.* 線上資源參見・・https://www.theaustralian.com.au/business/media/facebook-targets-insecure-youngpeople-to-sell-ads/news-story/a89949ad016eee7d7a61c3c-30c909fa6

15 Levin, S. (2017). Facebook told advertisers it can identify teens feeling 'insecure' and 'worthless'.

Guardian. 線上資源參見‧‧https://www.theguardian.com/technology/2017/may/01/facebook-advertising-data-insecure-teens

16 Fairplay for Kids. (2021). *How Facebook still targets surveillance ads to teens.* 線上資源參見‧‧https://fairplayforkids.org/ wp-content/uploads/2021/11/fbsurveillancereport.pdf

17 Fairplay for Kids. (2021). *Open Letter to Mark Zuckerberg.* 線上資源參見‧‧https://fairplayforkids.org/ wp-content/uploads/2021/11/fbsurveillanceletter.pdf

18 Sung, M. (2021). On TikTok, mental health creators are confused for therapists. That's a serious problem. *Mashable.* 線上資源參見‧‧https://mashable.com/article/tiktok-mental-health-therapist-psychology

19 Wells, G., Horwitz, J. & Seetharaman, D. (2021). Facebook Knows Instagram Is Toxic for Teen Girls, Company Documents Show. *Wall Street Journal.* 線上資源參見‧‧https://www.wsj.com/articles/ facebook-knows-instagram-is-toxic-for-teen-girls-company-documents-show-11631620739

20 Brailovskaia, J., Delveaux, J., John, J., Wicker, V., Noveski, A., Kim, S., . . . & Margraf, J. (2022). Finding the 'sweet spot' of smartphone use: Reduction or abstinence to increase well-being and healthy lifestyle?! An experimental intervention study. *Journal of Experimental Psychology: Applied.* Advance online publication. 線上資源參見・·https://doi.org/10.1037/xap0000430

21 Heller, A. S., Shi, T. C., Ezie, C. E., Reneau, T. R., Baez, L. M., Gibbons, C. J., & Hartley, C. A. (2020). Association between real-world experiential diversity and positive affect relates to hippocampal–striatal functional connectivity. *Nature Neuroscience*, 23(7), 800–804.

22 Wier, K. (2020). Nurtured by nature, *Monitor on Psychology*, 51, 50.

23 O'Neill, E. (2015). 'Why I Really Am Quitting Social Media'. YouTube. Video online: https://www.youtube.com/watch?v=gmAbwTQvWX8&t=579s

24 Flett, G. L. & Hewitt, P. L. (2022). *Perfectionism in childhood and adolescence*. Washington: American Psychological Association.

25 Min, S. (2019). 86% of young Americans want to become asocial media influencer. CBS News. 線

上資源參見··https://www.cbsnews.com/news/ social-media-influencers-86-of-young-americans-want-to-become-one

第九章··你的努力還不夠

1 Sandel, M. J. (2020). *The Tyranny of Merit.* London, UK: Allen Lane.

2 Burns, J. & Campbell, A. (2017). Social mobility: The worst places to grow up poor. *BBC News.* 線上資源參見··https://www.bbc.co.uk/news/ education-42112436

3 The White House. (2013). *Remarks by the President on Investing in America's Future.* Office for the Press Secretary: Speeches and Remarks. 線上資源參見: https://obamawhitehouse.archives.gov/the-press-office/2013/10/25/ remarks-president-investing-americas-future

4 Markovits, D. (2019). How Life Became an Endless, Terrible Competition. *The Atlantic.* 線上資源參見 ··https://www.theatlantic.com/magazine/archive/2019/09/ meritocracys-miserable-winners/594760/

5 Markovits, D. (2019). Ibid.

6 Semuels, A. (2016). Poor at 20, Poor for Life. *The Atlantic.* 線上資源參見：https://www.theatlantic.com/business/archive/2016/07/ social-mobility-america/491240/

7 Desilver, D. (2018). *For most US workers, real wages have barely budged in decades.* Pew Research Centre. 線上資源參見：https://www.pewresearch.org/ fact-tank/2018/08/07/ for-most-us-workers-real-wages-have-barely-budged-for-decades/

8 De Botton, A. (2005). *Status Anxiety.* London, UK: Vintage Books.

9 Jacobs, D. (2015). *Extreme Wealth is Not Merited.* Oxfam Discussion Papers. 線上資源參見：https:// www-cdn.oxfam.org/ s3fs-public/file_attachments/ dp-extreme-wealth-is-not-merited-241115-en.pdf

10 Geisz, M.B. & Nakashian, M. (2018). *Adolescent Wellness: Current Perspectives and Future Opportunities in Research, Policy, and Practice.* Robert Wood Johnson Foundation. 線上資源參見：https://www.rwjf.org/en/library/research/2018/06/ inspiring-and-powering-the-future--a-new-

view-of-adolescence.html

11 Resmovits, J. (2015). Your kids take 112 tests between pre-K and high school. *Los Angeles Times.* 線上資源參見：·https:// latimes.com/local/education/ standardized-testing/la-me-edu-how-much-standardized-testing-report-obama-20151023-story.html

12 Hausknecht-Brown, J., Dunlap, N., Leira, M., Gee, K. & Carlon, A. (2020). Grades, friends, competition: They stress our high schoolers more than you might think. *Des Moines Register.* 線上資源參見：·https://www.desmoinesregister.com/story/news/2020/04/20/ sources-of-high-school-stress-iowa-how-to-help-grades-social-fitting-in/5165605002/

13 Anderson, J. (2011). At Elite Schools, Easing Up a Bit on Homework. *New York Times.* 線上資源參見：·https://www.nytimes.com/2011/10/24/education/24homework.html

14 Top Tier Admissions. (2022). Admission Statistics for the Class of 2024. 線上資源參見: https:// toptieradmissions.com/counseling/college/ 2024-ivy-league-admissions-statistics/

15 Wallace, J. (2019). Students in high-achievingschools are nownamed an 'at- risk'group, study says.

Washington Post. 線上資源參見：https://www.washingtonpost.com/lifestyle/ 2019/09/26/ students-high-achieving-schools-are-now-named-an-at-risk-group/

16 Luthar, S. S., Kumar, N. L. & Zillmer, N. (2020). High-achieving schools connote risks for adolescents: Problems documented, processes implicated, and directions for interventions. *American Psychologist, 75(7),* 983–995.

17 Markovits, D. (2019). *The Meritocracy Trap*. New York: Penguin Press

18 Flett, G. L. & Hewitt, P. L. (2022). *Perfectionism in childhood and adolescence.* Washington: American Psychological Association.

19 Vaillancourt, T. & Haltigan, J. D. (2018). Joint trajectories of depression and perfectionism across adolescence and childhood risk factors. *Development and Psychopathology, 30*(2), 461–477.

20 Sandel, M. J. (2020). *The Tyranny of Merit.* London, UK: Allen Lane

21 Rimer, S. (2003). Social Expectations Pressuring Women at Duke, Study Finds. *New York Times.* 線上資源參見：https:// www.nytimes.com/2003/09/24/nyregion/ social-expectations-pressuring-

women-at-duke-study-finds.html

22 Wilgoren, J. (2000). More Than Ever, First-Year Students Feeling the Stress of College. *New York Times.* 線上資源參見・・https://www.nytimes.com/2000/01/24/us/ more-than-ever-first-year-students-feeling-the-stress-of-college.html

23 Schwartz, K. (2017). Anxiety Is Taking A Toll On Teens, Their Families And Schools. *KQED.* 線上資源參見・・https://www.kqed.org/mindshift/49454/ anxiety-is-taking-a-toll-on-teens-their-families-and-schools

24 Mental Health Foundation. (2018). Stressed nation: 74% of UK 'overwhelmed or unable to cope' at some point in the past year. 線上資源參見: https://www.mentalhealth.org.uk/ about-us/news/stressed-nation-74-uk-overwhelmed-or-unable-cope-some-point-past-year

25 Adams, R. (2022). Thousands of students drop out of university as pandemic takes its toll. *Guardian.* 線上資源參見・・https://www.theguardian.com/education/2022/mar/17/thousands-of-students-drop-out-of-university-as-pandemic-takes-its-toll

26 Schleicher, A. (2018). PISA 2018: Insights and Interpretations. *OECD*. 線上資源參見：https://www.oecd.org/pisa/PISA%202018%20Insights%20and%20Interpretations%20FINAL%20PDF.pdf

27 Clark, K. (2022). D.C. schools should step up amid a perfect storm of mental health challenges. *Washington Post*. 線上資源參見：https://www.washingtonpost.com/opinions/2022/02/18/dc-schools-should-step-up-amid-perfect-storm-mental-health-challenges

28 Goodman, C. K., & Moolten, S. (2022). 'The perfect storm': Worries mount that Florida's colleges face a mental health crisis like no other. *South Florida Sun Sentinel*.

29 Kacmanovic, J. (2022). Why tween girls especially are struggling so much. *Washington Post*. 線上資源參見：https://www.washingtonpost.com/health/2022/08/08/ tween-girls-mental-health

30 Allstate Corporation. (2016). Americans Say Hard Work And Resiliency Are The Most Important Factors. 線上資源參見：https://www.prnewswire.com/ news-releases/americans-say-hard-work-and-resiliency-are-the-most-important-factors-in-success-ahead-of-the-economy-and-government-

policies-300210377.html

31 即使這些家庭約佔英國人口的25%。

32 舉幾個例子，缺乏昂貴的教育、缺乏導師、沒有媽媽和爸爸銀行能贈與家庭存款，或能提供（紓困）數種商業投資的資金、沒有「老男孩」關係網絡、沒辦法打電話請託或獲得實習機會、從事低薪的臨時工作、學貸、高漲的生活費，最值得注意的是能源、醫療保健、租金，努力存的錢卻沒有任何低於通膨利率收益，而在離工作地一小時交通時間內的房子，其價格只有商業寡頭、洗錢者與最富有家庭的孩子能負擔的起。

33 Deloitte (2022). The Deloitte Global 2022 Gen Z & Millennial Survey. 線上資源參見：https://www2.deloitte.com/content/dam/Deloitte/global/Documents/ deloitte-2022-genz-millennial-survey.pdf

第十章：完美主義始於家庭

1 Fromm, E. (1944). Individual and social origins of neurosis. *American Sociological Review*, *9*(4),

380–384.

2 Doepke, M. & Zilibotti, F. (2019). *Love, money, and parenting: How economics explains the way we raise our kids*. Princeton, NJ: Princeton University Press.

3 Doepke, M., & Zilibotti, F. (2019). Ibid.

4 Ramey, G. & Ramey, V. A. (2010). The rug rat race. *Brookings Papers on Economic Activity, 41(1)*, 129–199.

5 Challenge Success. (2021). *Kids under pressure: A look at student wellbeing and engagement during the pandemic*. https://challenge success.org/ wp-content/uploads/2021/02/ CS-NBC-Study-Kids-Under-Pressure-PUBLISHED.pdf

6 Doepke, M. & Zilibotti, F. (2019). *Love, money, and parenting: How economics explains the way we raise our kids*. Princeton, NJ: Princeton University Press.

7 Curran, T. & Hill, A. P. (2022). Young people's perceptions of their parents' expectations and criticism are increasing over time: Implications for perfectionism. *Psychological Bulletin*, *148*(1-

2),107–128.

8 Fleming, D. J., Dorsch, T. E. & Dayley, J. C. (2022). The mediating effect of parental warmth on the association of parent pressure and athlete perfectionism in adolescent soccer. *InternationalJournal of Sport and Exercise Psychology*, 1–17.

9 Curran, T., Hill, A. P., Madigan, D. J. & Stornas, A. V. (2020). A test of social learning and parent socialization perspectives on the development of perfectionism. *Personality and Individual Differences, 160*, 109925.

10 Ko, A. H. C. (2019). *Parenting, attachment, and perfectionism: a test of the Perfectionism Social Disconnection Model in children and adolescents*. Doctoral dissertation, University of British Columbia.

第十一章：愛拼才會贏

1 Tolentino, J. (2017). The Gig Economy Celebrates Working Yourself to Death. *New Yorker.* 線上

資源參見：https://www.newyorker.com/culture/jia-tolentino/the-gig-economy-celebrates-working-yourself-to-death

2 Umoh, R. (2018). 'Elon Musk pulls 80- to 90-hour work weeks –here's how that impacts the body and the mind.' *CNBC.* 線上資源參見：https://www.cnbc.com/2018/12/03/elon-musk-works-80-hour-weeks--heres-how-that-impacts--your-health.html

3 Giattino, C., Ortiz-Ospina, E. & Roser, M. (2020). *Working Hours.* 線上發表於OurWorldInData.org. 節錄自：https://ourworldindata.org/ working-hours

4 McGregor, J. (2014). The average work week is now 47 hours. *Washington Post.* 線上資源參見：https://www.washingtonpost.com/news/o n-leadership/wp/2014/09/02/t he-a verage-work-week-is-now-47-hours/

5 Kopf, D. (2016). Almost all the US jobs created since 2005 are temporary. *Quartz.* 線上資源參見：https://qz.com/851066/almost-all-the-10-million-jobs-created-since-2005-are-temporary/

6 Quote in: Gimein, M. (2016). The fallacy of job insecurity. *New Yorker.* 線上資源參見：https://

www.newyorker.com/business/currency/ the-fallacy-of-job-insecurity

7 Graeber, D. (2013). On the Phenomenon of Bullshit Jobs. *STRIKE!* Magazine. 線上資源參見・・http://gesd.free.fr/graeber13.pdf

8 Carmichael, S. G. (2016). Millennials Are Actually Workaholics, According to Research. *Harvard Business Review.* 線上資源參見・・https://hbr.org/2016/08/ millennials-are-actually-workaholics-according-to-research

9 Ames, J. (2022). US law firms exact pound of flesh from juniors with 14-hour days. *The Times.* 線上資源參見・・https://www.thetimes.co.uk/article/ us-law-firms-exact-pound-of-flesh-from-juniors-with-14-hour-days-f5tfz0s07

10 Markovits, D. (2019). *The Meritocracy Trap.* London, UK: Penguin.

11 Makortoff, K. (2023). 'Fintech firm Revolut calls in psychologists after criticism of its corporate culture.' *Guardian.* 線上資源參見・・https://www.theguardian.com/business/2023/jan/16/fintech-revolut-psychologists-criticism-corporateculture-uk-banking-licence

12 US Bureau of Labour Statistics (2021). Number of jobs, labour market experience, marital status, and health. 線上資源參見··https://www.bls.gov/news.release/pdf/nlsoy.pdf

13 Office for National Statistics. (2022). Average weekly earnings in Great Britain: March 2022. *ONS Statistical Bulletin.* 線上資源參見··https://www.ons.gov.uk/employmentandlabourmarket/peopleinwork/employmentandemployeetypes/bulletins/averageweeklyearningsingreatbritain/march2022/pdf

14 Office for National Statistics. (2022). Average weekly earnings in Great Britain: March 2022. *ONS source dataset: GDP first quarterly estimate time series (PN2).* 線上資源參見··https://www.ons.gov.uk/economy/grossdomesticproductgdp/timeseries/cgbz/pn2

15 Malesic, J. (2022). Your work is not your god: welcome to the age of the burnout epidemic. *Guardian.* 線上資源參見··https://www.theguardian.com/lifeandstyle/2022/jan/06/burnout-epidemic-work-lives-meaning

16 GFK Custom Research North America. (2011). A Disengaged Generation: Young Workers

Disengaged by Pressures of Work Worldwide. *PR Newswire.* 線上資源參見‧‧https://www.prnewswire.com/ news-releases/a-disengaged-generation-young-workersdisengaged-by-pressures-of-work-worldwide-122581838.html

17 De Neve, J-E.& Ward, G. (2017). Does Work Make You Happy? Evidence from the World Happiness Report. *Harvard Business Review.* 線上資源參見‧‧https://hbr.org/2017/03/ does-work-make-you-happy-evidence-from-the-world-happiness-report

18 Threlkeld, K. (2021). Employee Burnout Report: COVID-19's Impact and 3 Strategies to Curb It. Indeed. 線上資源參見‧‧https://uk.indeed.com/lead/preventing-employee-burnout-report

19 Abramson, A. (2022). Burnout and stress are everywhere. *Monitor on Psychology, 53*, 72.

20 Brassey, J., Coe, J., Dewhurst, M., Enomoto, K., Giarola, R., Herberg, B., & Jeffery, B. (2022). Addressing employee burnout. McKinsey Health Institute. 線上資源參見‧‧https://www.mckinsey.com/mhi/ our-insights/addressing-employee-burnout-are-you-solving-the-right-problem

21 Ellis, L. & Yang, A. (2022). If Your Co-Workers Are 'Quiet Quitting,' Here's What That Means.

Wall Street Journal. 線上資源參見・・https://www.wsj.com/articles/ if-your-gen-z-co-workers-are-quiet-quitting-heres-what-that-means-11660260608

22 DiRenzo, Z. (2022). Even in a hot labor market, workers are worried about job security. *CNBC.* 線上資源參見・・https://www.cnbc.com/2022/05/21/ even-in-a-hot-labor-market-workers-are-worried-about-job-security.html

23 Kaplan, J. & Kiersz, A. (2021). 2021 was the year of the quit: For 7 months, millions of workers have been leaving. *Business Insider.* 線上資源參見・・https://www.businessinsider.com/how-many-why-workers-quit-jobs-this-year-great-resignation-2021-12

24 Pofeldt, E. (2017). Are We Ready For A Workforce That is 50% Freelance? *Forbes Magazine.* 線上資源參見・・https://www.forbes.com/sites/elainepofeldt/2017/10/17/ are-we-ready-for-a-workforce-that-is-50-freelance/

25 Beauregard, T. A. & Henry, L. C. (2009). Making the link between work-life balance practices and organizational performance. *Human Resource Management Review, 19*(1), 9–22.

第十二章：接受自己

1 Rogers, C. R. (1995). *On Becoming a Person.* Boston, MA: Mariner Books.

2 The White House. (2009). *Remarks by the President in a National Address to America's Schoolchildren.* Office for the Press Secretary: Speeches and Remarks. 線上資源參見：https://obamawhitehouse.archives.gov/ the-press-office/remarks-president-a-national-address-americas-schoolchildren

3 Horney, K. (1935). *Women's Fear of Action.* Talk delivered to the National Federation of Professional and Business Women's Clubs. In Paris, B. J. (1996). *Karen Horney: A psychoanalyst's search for self-understanding.* New Haven, CT: Yale University Press.

4 Horney, K. (1950). *Neurosis and Human Growth.* New York, NY: W. W. Norton & Company.

5 Horney, K. (1950). Ibid.

6 Horney, K. (1950). Ibid.

7 Smail, D. (2005). *Power, Interest and Psychology: Elements of a Social Materialist Understanding of*

Distress. Ross-on-Wye: PCCS Books.

8 Brach, T. (2000). *Radical Acceptance*. New York: Bantam.

9 Horney, K. (1950). *Neurosis and Human Growth*.

第十三章・・後完美主義社會的後記

1 Baldwin, J. A. (1962). As Much Truth as One Can Bear. *New York Times*. 線上資源參見・・https://www.nytimes.com/1962/01/14/archives/ as-much-truth-as-one-can-bear-to-speak-out-about-the-world-as-it-is.html.

2 Parsley, D. (2021). Boris Johnson 'privately accepts' up to 50,000 annual Covid deaths as an acceptable level. *Independent*. 線上資源參見・・https://inews.co.uk/news/ boris-johnson-privately-accepts-up-to-50000-annual-covid-deaths-as-an-acceptable-level-1170069

3 World Bank (2018). Decline of Global Extreme Poverty Continues but Has Slowed: World Bank. 線上資源參見・・https://www.worldbank.org/en/news/ press-release/2018/09/19/decline-of-global-

extreme-poverty-continues-but-has-slowed-world-bank

4 Burgess, M. G., Carrico, A. R., Gaines, S. D., Peri, A., & Vanderheiden, S. (2021). Prepare developed democracies for long-runeconomic slowdowns. *Nature Human Behaviour*, *5*(12), 1608–1621.

5 Garrett, T. J., Grasselli, M., & Keen, S. (2020). Past world economic production constrains current energy demands: persistent scaling with implications for economic growth and climate change mitigation. *PLOS One*, 15(8), e0237672.

6 Paulson, S. (2022). Economic growth will continue to provoke climate change. *The Economist.* 線上資源參見：https://impact.economist.com/sustainability/ circular-economies/economic-growth-will-continue-to-provoke-climate-change

7 赫靈頓於此的看法是目前並不存在一種確保我們能夠持續延續指數成長軌跡而不至於陷入「崩潰模式」的「綠色」解決方案。此看法也得到了能源經濟學家提姆・摩根（Tim Morgan）的認同。他在其文章〈*The Dynamics of Global Repricing*〉中寫道：「工業時代的主要增長動力來自於石油、天然氣和煤炭等低成本能源，而這些能源正在逐漸枯竭。」摩根繼續指出：「轉向可再生能源是不可或缺的，但不能確保基於風力渦輪機、太陽能板和電池等能源的經濟規模能夠達到如今基於化石燃料的經濟一樣之大，很可能會減少。」科技無疑是應對「成長問題」的一個答案，而且是一個相當重要的答案。然而，它並非像許多人所認為的那樣萬能。除了透過創新來實現永續未來之外，我們到了某個時間點還需要正視一個穩定狀態經濟的必要性，以避免陷入崩潰模式。與其將這視為一場生存危機，我們可以選擇將其視為重新評估我們的優先事項並重新平衡經濟的機會。

8 Herrington, G. (2021). Data Check on the World Model that Forecast Global Collapse. *Club of Rome*. 線上資源參見：https://www.clubofrome.org/ blog-post/herrington-world-model/

9 Pettifor, A. (2021). Quantitative easing: how the world got hooked on magicked-up money. *Prospect Magazine*. 線上資源參見：https://www.prospectmagazine.co.uk/magazine/quantitative-easing-qe-magicked-up-money-finance-economy-central-banks

10 Raworth, K. (2017). *Doughnut Economics: seven ways to think like a 21st-century economist*. London,

UK: Random House Business.

11 Layard, R. (2020). *Can We Be Happier? Evidence and Ethics.* London, UK: Pelican.

12 Graeber, D. (2019). *Bullshit Jobs: the rise of pointless work, and what we can do about it.* London, UK: Penguin.

13 《金融時報》（*Financial Times*）記者約翰．伯恩—默多克（John Burn-Murdoch）最近的分析顯示，富人和貧困人口之間的收入和財富差距巨大。他使用了歐洲統計局、經濟合作暨發展組織以及英國家庭資源調查的收入數據，結果顯示與其他已開發國家相比，美國和英國的收入分配明顯偏離正常。他進一步觀察了不同收入百分位的收入情況，結論是美國和英國實質上是極度貧困的社會，只有少數極富有的人瓜分了幾乎全部的財富。

Burn-Murdoch, J. (2022). Britain and the US are poor societies with some very rich people. *The Financial Times.* 線上資源參見：https://www.ft.com/content/ef265420-45e8-497b-b308-c951baa68945

14 US Bureau of Labor Statistics. (2022). *Labor Force Participation Rate– Women.* 線上資源參見：

https://fred.stlouisfed.org/series/LNS11300002

15 Veal, A. J. (2022). The 4-daywork-week:the new leisure society?*Leisure Studies*, 1–16.

16 Henley Business School. (2019). *Four Better or Four Worse? A White Paper from Henley Business School.* 線上資源參見．．https://assets.henley.ac.uk/v3/fileUploads/ Journalists-Regatta-2019-White-Paper-FINAL.pdf

17 Schor, J. B., Fan, W., Kelly, O., Bezdenezhnykh, T., & Bridson-Hubbard, N. (2022). *The four day week: Assessing global trials of reduced work time with no reduction in pay.* https://static1.squarespace.com/static/60b956cbe7bf6f2efd86b04e/t/6387be703530a824fc3adf58/1669840498593/The+Four+Day+Week-+Assessing+Global+Trials+of+Reduced+Work+Time+with+No+Reduction+in+Pay+%E2%80%93+F+%E2%80%93+30112022.pdf

18 Davis, W. (2022). A big 32-hour workweek test is underway. Supporters think it could help productivity. *NPR.* 線上資源參見．．https://www.npr.org/2022/06/07/1103591879/ a-big-32-hour-workweek-test-is-underway-supporters-think-it-could-help-productivity

19 Neate, R. (2022). Millionaires join Davos protests, demanding 'tax us now'. *Guardian.* 線上資源參見: https://www.the guardian.com/business/2022/may/22/m illionaires-join-davos-protests-demanding-tax-us-now-taxation-wealthy-cost-of-living-crisis 20 Piketty, T. (2013). *Capital in the Twenty-First Century.* Cambridge, MA: Harvard University Press.

21 Piketty, T. (2020). *Capital and Ideology.* Cambridge, MA: Harvard University Press.

22 Piketty, T. (2019). The illusion of centrist ecology. *Le Monde.* 線上資源參見‧‧https://www.lemonde.fr/blog/piketty/2019/06/11/ the-illusion-of-centrist-ecology/

23 Hartley, T., Van Den Bergh, J. & Kallis, G. (2020). Policies for equality under low or no growth: A model inspired by Piketty. *Review of Political Economy, 32*(2), 243–258.

24 這裡也有明顯的虛偽，因為大多數譴責接受福利者的人，自己一生中一直都在享有不須經過經濟調查的保證收入，就是來自父母的金援。

25 Haarmann, C., Haarmann, D. & Nattrass, N. (2019). The Namibian basic income grant pilot. In *The Palgrave International Handbook of Basic Income*, 357–372. Cham, Switzerland:

SpringerNature.

26 Simpson, W., Mason, G. & Godwin, R. (2017). The Manitoba basic annual income experiment: Lessons learned 40 years later. *Canadian Public Policy, 43*(1), 85–104.

27 Fromm, E. (1976). *To Have or To Be?* New York, NY: Harper & Row.

28 在現代政治中處於所謂的中間立場的人擁護的理論中，其一即馬蹄鐵理論（The horseshoe theory），聲稱那些為了更為永續的地球、經濟平等、社會正義和基本人權而努力的人與法西斯主義者在道德上是相同的，這無疑是最具冒犯性的理論。

29 Hickman, C., Marks, E., Pihkala, P., Clayton, S., Lewandowski, E., Mayall, E., Wray, B., Mellor, C., & van Susteren, L. (2021). Young people's voices on climate anxiety, government betrayal and moral injury: a global phenomenon. *Lancet.* 線上資源參見··https://papers.ssrn.com/sol3/papers.cfm?abstract_id=3918955

30 Burn-Murdoch, J. (2022). Millennials are shattering the oldest rule in politics. *Financial Times.* 線上資源參見··https://www.ft.com/content/c361e372-769e-45cd-a063-f5c0a7767cf4

國家圖書館出版品預行編目（CIP）資料

完美主義的陷阱：在總想要更多的世界,掌握「足夠好」的力量/湯瑪斯.庫蘭(Thomas Curran)著；林楸燕譯. -- 初版. -- 新北市：日出出版：大雁出版基地發行, 2024.04
368面；14.8*20.9公分
譯自：The perfection trap : the power of good enough in a world that always wants more.
ISBN 978-626-7460-05-4(平裝)

1.CST: 完美主義 2.CST: 人格心理學

173.7 113002849

完美主義的陷阱
在總想要更多的世界，掌握「足夠好」的力量

作　　者　湯瑪斯・庫蘭 Thomas Curran
譯　　者　林楸燕
責任編輯　李明瑾
協力編輯　邱怡慈
封面設計　Dinner Illustration
發 行 人　蘇拾平
總 編 輯　蘇拾平
副總編輯　王辰元
資深主編　夏于翔
主　　編　李明瑾
行　　銷　廖倚萱
業　　務　王綬晨、邱紹溢、劉文雅
出　　版　日出出版
發　　行　大雁出版基地
新北市新店區北新路三段207-3號5樓
電話：(02)8913-1005　傳真：(02)8913-1056
劃撥帳號：19983379 戶名：大雁文化事業股份有限公司
初版一刷　2024年4月
定　　價　620元

ISBN　978-626-7460-05-4